人物叢書

新装版

北《ほう》条《じょう》政《まさ》子《こ》

渡辺　保

日本歴史学会編集

吉川弘文館

伝北条政子所持の櫛笥　側面　(三島市，三島神社所蔵)

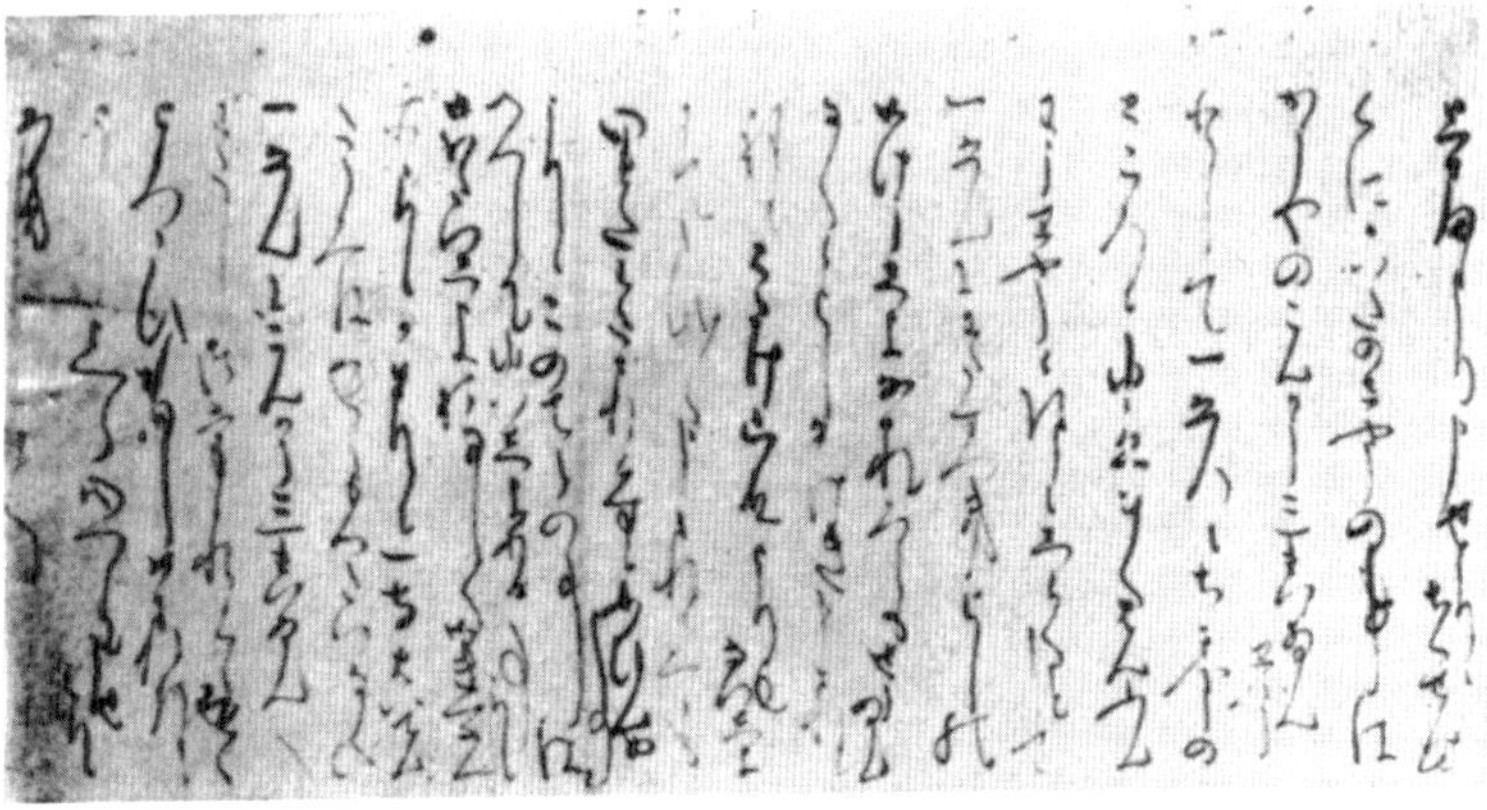

北条政子自筆書状（高野山金剛三昧院所蔵）

上さまより申せとて候。ちくせんのくにかい（粥）
たのしやう（田庄）の事は、かうや（高野）のこんかう三まい（金剛三昧院）
ゐんりやうとして一ゐんにちきやうのところ
に、ゆゐなくはんふんわうりやう（押領）候ほとに、
しよく（職）として一ゐんにわたすへきよしの御け
うしよなされ候へともせうゐん（承引）なく候よしな
けき申され候程に、はたけ山殿（畠山重忠）よりもないし（内書）
よにてたび／＼申され候へとも、いまたわた
され候はす候。ふひんの事にて候。このてら
の事は、へつしてゆいしよ（由緒）ある事にて候。御
ほたいしよ（菩提所）おなしく御きくわん（祈願）所にて候か、
すてに一寺ははいてん（廃転）たう（等）候へは、返々もつた
いなく候。一ゐんにこんかう三まいゐんへわ
たしつけられ候はゝ、返々によろこひおほし
めされ候へく候よし申へく候。心へ候て申せ
とて候。めて度かしく。

まえがき

北条政子をまとめて論じた史書はまだないのであるが、尼将軍政子という名を見たり聞いたりすると、多くの人はそこにある型のイメージを浮べるように思う。同時代の文献をみても、別にハッキリとは彼女の性格を評しているわけでないのに、時代が下るにつれて、一つの定評が生れて来て、それが漠然と現代にまでつづいている。

そこで私は、そういう先入観なしに政子の人がらに接してみたいと思った。結果において、定評通りになるか、あるいは再評価ができるかは予想しないことにして、とにかく信のおける史料によってだけ眺めてみたい。

しかし、政子に関する同時代の文献はたくさんはない。しかもその多くは鎌倉幕府当局によって書かれた『吾妻鏡』である。したがって後世になってから書かれた史伝や物語の類もある程度は取り上げなければならない。ただし、それはどうしてこういう印象を後人に与えたのか、という意味で扱うのである。そしてまた北条家に近い学者たちの書いた記事より、はなれた場所や後の時代での第三者的観察から案外教えられるところがあるかも知れない。

いまここに書いている「まえがき」は本当のまえがきであって、これから筆をとるにあたっての心積りなどを書いているわけだから、「結果がどうなるか予想しないことにする」と言った。しかし、この時期の歴史を二十何年も調べたり考えたりしている私として、ある程度の見通しがないわけではない。それはざっと言うならば、『大日本史』の「性妬忌《とき》ニシテ」とか「厳毅果断ニシテ丈夫ノ風アリ」とする政子とは、少し違った政子像を日ごろから考えているからである。

昭和三十五年四月

渡辺保

目次

口絵

挿図

第一　頼朝夫人として

一　結　婚

北条政子は伊豆《いず》の国の豪族北条時政《ほうじょうときまさ》の長女として生れた。北条氏は平氏を名乗り、東国で指折りの有力者であって、その根拠地は、今の東海道線三島《みしま》駅の東南方の田方《たがた》郡韮山《にらやま》町寺家《じけ》字北条の附近と言われている。

伊豆の国には、この北条氏のほかに狩野《かのう》氏・仁田《にった》氏・伊東《いとう》氏・宇佐美《うさみ》氏などがあって、それらの本来の所有地は、その苗字《みょうじ》の示すそれぞれの地域に散在していたが、その中でも北条は肥沃な狩野《かの》川流域平野を占め、東海道筋に近接して、かなりの財力をもっていたものと思われる。

流人頼朝

この韮山町の中で狩野川が環流して島洲をつくっていた地点を、蛭ヶ《ひるが》島《しま》と呼んだようで、そこへ平治の乱で敗れた源頼朝が、死一等をまぬかれて流されて来た。時に永暦《えいりゃく》元年（一一六〇）三月、頼朝は十四歳。そのとき政子は四歳であった。

源家の嫡男

それから十数年後にこの二人は結ばれることになるのだが、その日時は正確にはわからない。都で幼年期を送った源家の跡取りが、先祖の頼義・義家いらいの縁故のある東国に配流されて来

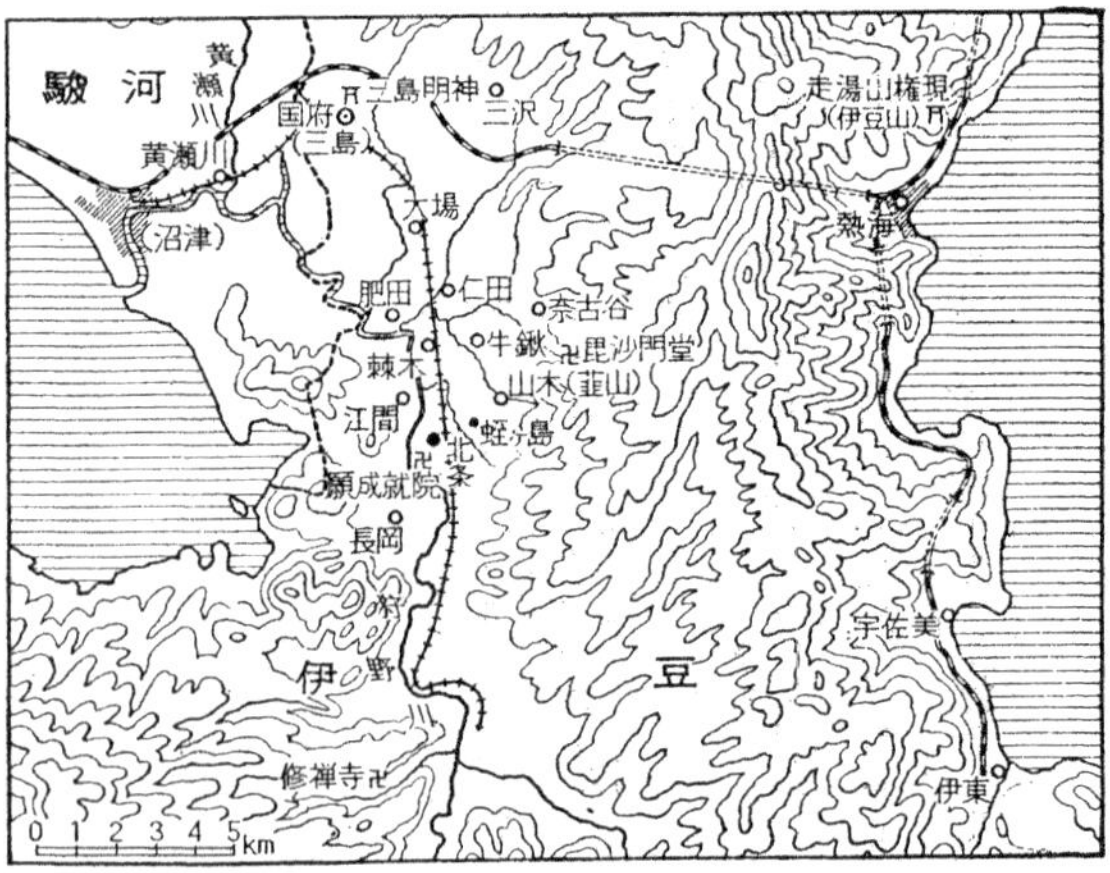

伊 豆 地 方 要 図

たのだったから、ひそかに心を寄せて時には配所《はいしょ》を訪れる若い武士のあったことも自然だったし、また、それら武士豪族の家の娘たちの口にのぼってかれこれ評判されただろうことも十分想像される。

　頼朝の方も、流人《るにん》とはいっても不自由な囚人生活ばかりをつづけていたわけではなく、伊豆走湯山《そうとうざん》（今の伊豆山）の文陽房覚淵《もんようぼうかくえん》・専光房良暹《せんこうぼうりようせん》・箱根山の別当行実《ぎょうじつ》などを祈禱師として一門の菩提をとむらうために読経につとめるかたわら、伊豆・相模《さがみ》の中小土豪を引き連れて狩を楽しむことが多かった。工藤茂《くどうしげ》光《みつ》・土肥実平《どいさねひら》・岡崎義実《おかざきよしざね》・天野遠景《あまのとおかげ》・宇佐美助茂《うさみすけしげ》・加藤次景廉《かとうじかげかど》・小中太光家《こちゅうたみついえ》など

蛭　ヶ　島

の名が見える。
生活の糧は乳母の比企《ひき》の尼の領地武蔵国比企郡から送られ、局の三人の婿が身の廻りの世話をした。安達《あだち》藤九郎盛長《もりなが》・河越《かわごえ》太郎重頼《しげより》・伊東《いとう》九郎祐清《すけきよ》である。

伊東祐親の娘

『源平盛衰記』に、頼朝が伊豆の東海岸の豪族伊東祐親《すけちか》の娘とねんごろになり一子を設けたが、京都大番役《おおばんやく》を終って国に帰った祐親に知られて怒りを買い、命からがら逃げ戻ったとあるが、これは『吾妻鏡』に「先年ノコロ、祐親法師、武《ぶ》衛《えい》（頼朝）ヲハカリ奉ラント欲スルノ時、祐親ノ二男九郎祐泰（祐清カ）コレヲ告ゲ申スニヨリ、ソノ難ヲ遁レシメ給ヒヲハンヌ」（治承四年十月十九日）と書かれているのがその事件を指すと考えられるから、だいたいそのようなことがあったものと思ってよかろう。

良橋入道の娘

そのほか頼朝の伊豆の生活の間に、良橋《よしはし》太郎入道の息女亀の前とのことがある。
これは、後になって鎌倉の近くへ呼び寄せて一騒動を起した女性であるが、『吾妻鏡』に「豆州御旅居ヨリ昵近《じっきん》シ奉リ」とあって、何らかの交渉があったのは事実である。

流人とはいえ、このような日々を送っている青年頼朝と、北伊豆の豪家の長女政子とが、目と鼻の間に住んでいて、いつとはなしに婚を通ずるようになったのは自然の成行であろう。

静を弁護する政子の言葉

そのことについては『吾妻鏡』に有名な政子の言葉がある。弟義経の愛人静《しずか》に舞をまわせたあと、頼朝の怒りをなだめての抗弁である。

「君流人トシテ豆州ニ坐《おわ》シ給フノコロ、吾ニオイテ芳契《ほうけい》アリトイヘドモ、北条殿時宜《じぎ》ヲ怖《おそ》レ潜《ひそ》カニ引籠《こ》メラル、シカルニ猶君ニ和順シ、暗夜ヲ迷ヒ、深雨ヲ凌ギ、君ノ所ニ到ル、マタ石橋ノ戦場ニ出デ給フノ時、独リ伊豆山ニ残リ留マッテ君ノ存亡ヲ知ラズ、魂ヲ消ス。」

この「芳契」がいつからのことかは判らない。しかし「潜カニ引籠メラル」とは父時政によって山木判官兼隆《かねたか》にとつがされるためにその山木の館《やかた》に送られたことを指し、「暗夜ヲ迷ヒ、深雨ヲ凌ギ、君ノ所ニ到ル」とは、伊豆山権現にいた頼朝の所へ逃げ走ったことを指すとしてよかろう。その頼朝の旗揚げは、「私の怨みのある」この山木兼隆を討つことから始められたと『吾妻鏡』にもある。したがって、このときの『源平盛衰記』の記述は全くの創作ではなく、かなり信用できる。大意は

「伊東祐親の娘とのことがあってから、頼朝は北条四郎時政を頼りにして日を

伊豆山権現

送ったが、また北条の娘とひそかに結ばれた。北条四郎は京都からの帰路にこのことを聞いて大いに驚き、ちょうど同道して来た前検非違使《けびいし》兼隆を聟にとる約束をかわした。国に着いてから、そ知らぬ体《てい》で娘を兼隆のもとに送り届けた。けれども、その娘は兵衛佐頼朝をことに深く愛していたので、兼隆の家からうまく逃げ出して、夜通し歩いて伊豆山にたどりつき頼朝の所に隠れた。時政・兼隆はこれを聞いて怒ったが、伊豆山は僧徒が多く勢いも強いので、押し入って奪い取ることが出来ずそのままになった。」

伊豆山へ脱出

そして、その後に「北条四郎時政は、上には世間を恐れて、兼隆を取るといへども、兵衛佐の心の勢を見てければ、のちには深く憑《たの》みてけり。兵衛佐もまた、賢人にて謀ある者と見てければ、時政ならではその人なしと思ひければ、上には恨むるやうにもてなし、相背く心はなかりけり。」と時政と頼朝との当時の心境を表現している。これも当っているといってよかろう。

さてそのように『源平盛衰記』の記事がかなり真を伝えているとすれば、それと更にもっと潤色を加えた『曽我物語』とを合わせて、この頼朝と政子との結婚を政子二十一歳の治承元年(一一七七)とした『大日本史』の記事も、ほぼうなずけるところであろう。ただし『曽我物語』にある「夢買い」の記事についてはここでは触れないことにする。

政子二十一歳の結婚

頼朝と政子との間に生れた長女大姫は、治承二年か三年かの生れである。

伊東と北条との違い

「商人や修業者などを聟にしようとならば、かえって許せるが、源氏の流人などを聟にとって平家の御とがめがあったらどうする」(『源平盛衰記』)と言って頼朝と娘との仲をさいた伊東祐親とくらべると、北条時政の方は、表面は世間を恐れながらも頼朝の「心の勢」を見抜いて深く期するところがあった。北条の根拠地が東海道に近く、それだけ当時の時勢の変化に敏感になっていたこともあろう。また平氏を名乗ってはいるが、もちろん平氏一門ではないし、また保元・平治の乱に源氏方に加わってもいない。いわば自由な立場から時々の権勢に結びつくことができた。そしてそれだけに、敏感ならざるを得なかったともいえよう。

現実の問題としては伊豆国は、源頼政《よりまさ》、そしてのちに平時忠《ときただ》の知行国であって、ともに在地的な結合はうすい。一度は時政が家人《けにん》としてつかえた平家政権であっても、その弱体化を見抜いたとき、自分のふところ内に住み育った源家の嫡男の名を用いて、せめて伊豆一円《いちえん》に勢力をひろげようとする北条時政の望みは充分察し得られる。

その北条と頼朝との結びつきを急速に進めて、あとへ引けないようにしたのが、政子の情熱であった。山木兼隆はやはり流人ではあったが平氏の一門である。北条からは当時の主筋にあたる。その山木を振《ふ》って頼朝に走ったのであった。伊東の娘が頼朝との仲をさかれて他家へとつがされたのとくらべて、このときの政子の勇敢さは世の常のものではなかった。たとえ父時政の暗々の支援を感じたとしても、誰でもがこのような捨て身の行動に出られるものではない。そこに素朴な鎌倉期の農村女性の一典型を見てもいいと思う。都での洗錬された教養に包まれた婦人とはまた違って、ひたむきの慕情、一本気の行動。この時の政子から、それを素直に汲みとることがまず政子を理解する大きな手がかりだと私は思う。

農村女性の一典型

二　旗揚げから鎌倉入り

令旨到来

治承《じしょう》四年(一一八〇)四月二十七日、頼朝の叔父にあたる新宮《しんぐう》十郎行家《ゆきいえ》が八条院蔵人《くろうど》という資格で、以仁《もちひと》王の令旨《りょうじ》を頼朝の配所にとどけて来た。頼朝は伊豆の配流生活二十年にしてこの重大事にめぐり遭ったのである。頼朝は水干《すいかん》に装束し、男山八幡をまず遙拝してから、この令旨を開いたのだったが、何より先に「当国ノ豪傑」北条四郎時政を呼んでその文言を読ませた。それは時政が頼朝を「聟君」として「無二ノ忠節」をつくしていたからであった。

聟君に忠節

この『吾妻鏡』の文意にしたがえば、このころには政子と頼朝との仲は容認されて、舅《しゅうと》の時政と聟の頼朝とはこのような重大な事件を心を明かして相談し合う間になっていた。そして頼朝自身の意志の如何にかかわらず、情勢は急迫し、京都からの情報では源三位《げんざんみ》頼政は敗死し以仁王も亡くなったことが判り、令旨を受けた源氏はすべて追討されるという。頼朝も意を決して安達藤九郎盛長を派遣して東国の御家人《ごけにん》を召集することになったが、

出陣の血祭り

まず運試めしとして、政子に執心する山木兼隆を攻めて、出陣の血祭りにすることにした。京都から流れて来た遊客の邦道《くにみち》という者をたくみに山木の館に潜入させて図面を写し取らせた。この絵図によって時政と頼朝は山木攻めの策戦を練ったし、急報によって馳せ参じた工藤茂光

北条時政自署
(自筆請文，高野山文書)

土肥実平・岡崎義実・宇佐美助茂・天野遠景・佐佐木盛綱・加藤景廉以下を一人ずつ頼朝の居間に招いて戦術を語り合い、「イマダ口外セズトイヘドモ、ヒトヘニ汝ヲタノムニヨリ仰セ合ハサル」と激励したが、「真実ノ密事ニオイテハ北条殿ノホカコレヲ知ル人ナシ」（『吾妻鏡』）と。

このようにして源頼朝と北条時政とが反平氏の旗揚げに踏み切ったのであった。三十四歳の聟と四十三歳の舅であってみれば、指導的な地位はどちらであったかは想像がつこう。そして両者を結ぶキズナであった政子は二十四歳であった。

政子二十四歳

八月十七日未明《みめい》に決行のはずだった山木攻めは、佐佐木勢が折からの大水のために遅れて午後二時にようやく到着したので、夜の十二時になって夜襲をおこない、めでたく兼隆の首を得て気勢をあげることができた。

政子はその間も伊豆山に隠れて気をもんでいたと見える。ただし連絡は密に取っていたようで、翌日は政子の言葉にしたがって頼朝は伊豆山の法音尼《ほういんに》に、自分

御経師法音尼

にかわって読経をしてもらうように依頼している。法音尼は政子の経師だった。

憎い山木兼隆を討ち取ることができたのは、ただ旗揚げの幸先《さいさき》がいいだけでなく、頼朝と政子とにとっては特別な喜びだった。その喜びを両人が祝い合ったのは、十八日と十九日の二日間だった。十九日の晩には政子は伊豆山の文陽房覚淵《もんようぼうかくえん》の坊に身をひそめることにして、頼朝は二十日に相模国の土肥《どい》（今の早川の附近）に向って出発することになった。三浦・和田の一族はまだ集まって来ないが、山木攻めの成功に力を得た北条・安達・工藤・土肥・佐佐木・岡崎以下の三百騎をひきいて石橋山に陣を張った。これを迎え撃つものは、大庭《おおば》・俣野《またの》・河村《かわむら》・渋谷《しぶや》・長尾《ながお》・熊谷《くまがい》などの平家方三千余騎。これが石橋山の合戦であって、頼朝は惨敗した（二十四日）。

石橋山の惨敗

多勢に無勢で、ほとんど死の直前にまで追いこまれながら敵方の梶原景時《かじわらかげとき》の計らいによって命からがら窮地を脱し、箱根山に隠れた。しかしここも危うくなって、また土肥の方へ逃れ、二十八日に真鶴《まなづる》の岬《みさき》から小舟に乗って房州に渡った。

真鶴からの使に悲喜こもごも

その乗船の前に土肥弥太郎遠平《とおひら》を政子の所へ使に出した。これが九月二日の午後に、伊豆山から秋《あき》戸《ど》郷（今の熱海附近か）にうつった政子の隠れ家に着いた。

石橋の敗戦を聞いて悲嘆の涙にくれていた政子は、頼朝脱出の報を得て愁眉《しゅうび》を開いた。しかし船に乗ってから後のことは判らない。悲喜こもごもと言うところだった（「悲喜計会（けいかい）スト云々」）。

房州に渡ってからの頼朝は、相模の三浦・和田と合体し、房総の諸豪族とくに千葉常胤《つねたね》の一族や上総《かずさ》広常《ひろつね》の大軍を得て、一月あまりの間に大勢力を集めることができた。隅田川を渡っては武蔵《むさし》の諸族がぞくぞくと馳せ参じる。南関東はほとんど頼義・義家のころの源氏の盛時を再現した。そしてその間に北条時政は甲斐《かい》・信濃《しなの》の武士豪族の間を説いて廻った。記録には

石橋山の位置図

ないが当然伊豆の政子の許へも絶えず使が走って連絡をとったものだろう。房総半島から対岸の三浦半島へ渡るのは、ごく自然な交通路であって、陸路より容易なコースだった。三浦半島からハナを廻って真鶴に入るのも、また伊東の鯉名の港に行くのも、やはり陸路より妨害の少ない便路だったと思われる。しかし行軍中の頼朝の陣に政子が駆けつけるわけにはいかない。千葉常胤が頼朝の居所を、〝御曩跡《ごのうせき》の地〟鎌倉に定めるように勧めたのが九月九日だったから（安達盛長が伝言した）、この直ぐあとのころ政子の所へ使が行って、鎌倉で落ち合う手筈がととのえられたかと思う。そして十月七日、頼朝は堂々と鎌倉入りをして政子を迎えた。政子は多分待ち切れなかったのだろう、その前の九月中に（「去夜」と書いた本もある）伊豆からここへ到着していたのだったが、日が悪いというので稲瀬《いなせ》川のあたりの民家に泊っていた。多分伊豆山の僧専光房良暹《せんこうぼうりょうせん》が連れて来たのであろう。

天下晴れて同棲

そして十一日にめでたく両人が正式に同棲することができた。邸は正暦《しょうりゃく》年中から二百年も火事にあわなかった山内兼道《かねみち》の邸を仮に移し建てた。

当然長女の大姫は政子とともに鎌倉にうつり住んだはずである。長門本『平家物語』に、治承四年に「姫君の二つばかりにやましましけん」とあるのによれば、このとき数え年の二―三歳になっていた。

伊豆・相模・武蔵・安房・上総・下総の諸豪族が馳せ参じ、それに甲斐源氏の武田・一条も北条時政とともに駿河国で合体する手筈が整っている。北関東や常《ひ》陸《たち》の方面はまだまだの形勢ではあるが、大体東国を支配下におさめたと言っていい。伊豆の〝豪傑〟北条氏の打った大きなカケが当ったのだった。このへんが北条や頼朝の望んでいた最高の目標ではなかったろうか。平氏にとってかわろうとか、全滅させようとかを考えてはいなかった。

頼るべき支柱を求めて動揺している東国武士の重鎮となれれば、当面の目標は達成したわけである。したがって政子の満足もこの上なしであろう。東国一の武将の夫人として、娘ともども安泰な生活が送れれば、伊豆の一村落の土豪の娘として最上の喜びである。

新邸に住む

鎌倉の新邸の移建ができて正式に住むことになったのは十月十五日のことであった。

三　妻の座二十年

頼朝は鎌倉に入って東国武士の棟梁と自他ともに許すような地位にまで達したので、かれとしては本望をとげたのだった。これ以上に、天下の覇者《はしゃ》たらんとする野心はなかったとみてよさそうである。むしろ右大臣兼実《かねざね》の日記（『玉葉』）にあるように、「謀叛の賊義朝の子が配所伊豆国で凶悪を事としている」とか、「伊豆の流人源頼朝が凶徒を語らって、国々を侵略しようとしている。叛逆の至り、すでに常軌をこえている。」という風に都へ伝えられることを、ひたすら怖れていた。

謀叛扱いを怖れた

謀叛人の扱いをされることが恐ろしかった。

平氏の方で以仁王の令旨を受けた源氏の一類を追討するというから、その高圧に対して抵抗しようとするのであって、とくに院に向っては、もっぱら恭順の態度をあらわしている。だから、富士川の合戦の後になっても、法皇に密奏して

「自分には謀叛の心はありません。ただ君の敵を伐とうためばかりです。もし平氏を滅ぼすことが不可能だったならば、昔のように源平両氏を並べてお使い下さい。東は源氏、西は平氏という風に持ち分を別けて、東西の乱を鎮めることをお試《こころ》み下さい。」(『玉葉』養和元年八月)

と言っている。恐らく頼朝の本音《ほんね》だったろう。

大望は抱かず

その翌年には伊勢の皇太神宮に願文《がんもん》を奉って、やはり謀叛でない自分の立場を述べ、そして神宮領に対する忠勤を誓っている。

そのような頼朝のその当時の心境を、政子はよく理解していたように思われる。

決して征夷大将軍になったり権大納言になったりを予期したのではない。まして京都に上っての貴族の生活を望みもしなかった。

祈禱と家人の世話

ただ頼朝の身が安泰であり、夫婦の生活が満足にでき、そして子供たちが無事成人してくれればよかった。そのためには、神仏に祈禱してその加護を受けたいし、また御家人たちが忠勤をはげんでくれれば嬉しい。

農民の生活の上にまで考え及ぼしたあとは見られないが、女性は女性なりに、坊さんの世話や家人の紛争の調停などに心を配った。要するに東国武将の妻の座を守っていくことに専念したのだった。

治承四年十月十六日、せっかく新装した大倉の邸に落ちつくひまもなく、頼朝は平軍を迎え打つために出発した。そして二十日には富士川の対陣で、明白に東国武士の優越を天下に示すことができた。

富士川の勝戦さに乗じて京都へ攻め上ろうとした頼朝が、千葉常胤・三浦義澄《よしずみ》

上洛は政子の意ではない

・平広常らの諫めを用いてそれを思い止まり、鎌倉に腰を据えて東国を固めることにしたのはまことに賢明であった。と同時に、妻の政子にとっても我が意を得たものであった。

京都に馳せ入って父の怨みを晴らしながら、一か八かの危うい橋を渡ろうよりは、鎌倉に落ちついて東国武士との従属を密にすることの方が、政子の希望に違いない。そして結果においては、それが最後の勝利に通じる路でもあった。そこまでの見通しを持っていた、というのではなくて、そのような地道な行き方が、この当時の世の変転に処し得る自然の順路になって行ったのである。

都には謀略を好む後白河法皇があり、陰険な公卿がそれを取り巻いて策動する。平氏の一門は貴族たちのペースに巻きこまれて衰運をたどったし、木曾義仲《よしなか》はその渦にとびこんでキリキリ舞いをさせられた。頼朝がもしそれらと似たような境遇になっては、最後の成否は別としても、政子にとっては堪えられない生活になったろう。

やはり関東地方に本拠をおき、土地に住み着く土豪としっかり結びつき、それらの素朴な生活倫理に囲まれて武将の地位を固めて行くなら、その夫人としての政子は、まことに適格であり、また望み通りでもあった。

素朴な生活倫理

後白河法皇肖像（京都・神護寺蔵）

これからの鎌倉での政子の生活は、頼朝とともに落ちついたものだった。小さい波瀾はあってそれを始末することは女性にとっての大事ではあったが、しかし一家の運命とはかかわりはないし、これまでの地方育ちの教養の範囲で充分に処理できる問題だった。生活の細部にわたっての記録は求められないが、『吾妻鏡』を中心として年代を追って眺めていくことにする。いま言ったような空気が感じとれることと思う。

黄瀬《きせ》川の宿から頼朝が常陸に向い、佐竹秀義《ひでよし》を追ってその所領を諸将にわけ、そして鎌倉に凱旋したのは十一月の十七日だった。その翌月の十二月十二日に大倉の邸が竣功し東国の主として堂々と鎌倉に居を占めた。先祖いらいの守護神である八幡宮を中心としてこれを盛大に装い、その東隣りの大倉を住宅とし、侍所を含んだ広い武家造りであった。八幡宮を源氏の氏神として、東国一の武神として尊んだことは、頼朝が源家の正嫡であることを強調することになり、東国土豪たちの胸裡に〝源家累代ノ

大倉の新邸

鎌倉の現況
(鶴岡八幡宮背後の大臣山より若宮大路及び市街を望む)

家従〃であることを刻みつける効果をもった。海岸にあった八幡宮を現在の小林郷の地に移したり、若宮を盛大に建てたり、その隣りに新邸を建て、また大姫のための小御所を造ったり、数ヵ月の間に建築工事が次々に進行するので、御家人たちも争ってここに邸を構えることになり、たちまち鎌倉は東国一の都市になってしまった。

これまでの武将がやったように、地方の騒乱鎮定を功として都に上って官位をもらい、その官位の威光で地方の武士を従えようというやり方よりも、たしかにこのころの頼朝の行動の方がはるかに地方民の心をつかみ得たに違いない。自分たちの棟梁が自分たちの土地の中に住みついてそこを都に築き上げているのだから、長い間、首領を求めて動揺して来た東国の武士農民にとって、これまでにない安心感を覚える。三位・二位とか大臣・大将・大納言などのハクは、ソロソロはげかけて来たころである。年貢《ねんぐ》ばかり持って行って、他からの侵略から護ってくれないような本所《ほんじょ》・領家《りょうけ》にいつまでも言うなりになってはいない地方民だった。だから地方の農民の間から武装した武士が生れ育って、地方の土地を自ら守ろうとする。従来の地方官や本所・領家はアテにならないが、さればといって弱肉強食の無政府状態がつづいてはやり切れない。

貴族性と土豪性との調和

ちょうどそのような時期に、家がらもよく、由緒も正しい武将が、その農村武士の首領として鎌倉の地に本拠を構えたのであった。つまり前代来の律令体系とつながりをもつと同時に、新しく興った農村武士の首領であるという二つの要素を兼ねていることが必要だった。これまでもそのような武将は存在したが、前者に傾くものは地方から離れて貴族の従兵になりがちであったし、後者の性格が強いものは、同士打ちを繰り返して地方民を心服させる政治性がなかった。

いわば貴族性と土豪性とを調和させるところに、源頼朝の役割があった。そして彼自身は、どちらかと言えば前者の色彩が濃いし、またそれを好んだのであろうが、しかしあくまでも後者の性格を失わなかったところは、北条時政・政子の存在がその働きをつとめたと言えよう。繰り返していえば、古代政権と武家政権とを激突させないための緩衝《かんしょう》地帯であり、潤滑油《じゅんかつゆ》的役割をつとめたのが、この北条と頼朝との提携であって、その提携をさらに円滑にさせたのが夫人政子の存在であった。

妊娠の兆候

養和元年（一一八一）の十二月に政子が病気だというので、「営中上下群集シタ」という。かなりの大病だったようだ。旗あげ以来の心身の疲労と、そして新生活を一年つづけての気苦労が重なったのだろうが、さらにそれに加えて妊娠の初期でもあったらしい。

翌年（五月から寿永元年）の二月には、三浦義澄《よしずみ》が「御台所御懐孕《みだいどころごかいよう》ノ由ヲ風聞シタ」とあり、その三月九日には着帯の儀式があった。着帯の帯は千葉常胤の妻がつくり、嫡子の胤正（あるいは孫の成胤か）が使として持参し、頼朝自身が帯を結んだ。二人目の子の出産であるが、前は世を忍んでの仲であり今度は武将の夫人としてのことだから、頼朝はじめ一同大喜びだったとみえて、鶴ヶ岡八幡の社前から由比浜まで道を真直になおして参詣道路をつくる事業も出産の祈願のためだった。頼朝自身が差図して、時政以下が土石を運んだ、という（現在鎌倉駅前から八幡宮に通じるだんかづらは、このときからのものと言われている）。

伊東祐親に恩赦

前月の三浦義澄の話は、この妊娠の兆候を伝え聞いて、義澄は囚人として預かっている伊東次郎祐親の赦免《しゃめん》を願おうとしたのだった。伊東はその娘と頼朝との仲を割き、その間の子供を殺し、さらに頼朝をも害しようとした罪人である。多分政子の勧めであろうが、頼朝は義澄を召して、この怨み深い伊東祐親に恩赦令を下した。義澄が喜んで自宅にいる伊東を営中に呼んだところが、祐親はそれを聞くや否や前非を恥じて自殺してしまった。

やむなく頼朝は、その事件のとき自分を助けて伊東の館から逃がしてくれた伊東の息の九郎祐清に褒美を与えようとしたが、これまた父の跡を追って死を求めてしまった。いくさ物語の文ではなく、『吾妻鏡』の記載だから、このまま事実として受け取ってよかろう。朴訥《ぼくとつ》な東国武士の気質がうかがえることと思う。

頼朝が亀の前を呼ぶ

頼朝はこのように政子安産のために心を配ったが、同時に一人の妻だけでは満足できなかった。伊豆にいたころから「昵近」した亀の前を鎌倉の近くの小窪《こくぼ》(今の小坪《こつぼ》か)の小中太《こちゅうた》光家の宅に呼び寄せた。顔かたちがすぐれていたばかりでなく、「心操《しんそう》コトニ柔和」であるので、昨年の春から寵愛がはげしくなっていたのを、それでも町中でなく海に近いところに住まわせることにした。それが六月一日のことだったが、そのころもう一人の女性が登場する。それは新田義重の娘で、頼朝の兄の義平の未亡人であるが、これに頼朝は伏見《ふしみ》広綱《ひろつな》を使いにして艶書《えんしょ》を通じた。しかし本人は承知しないし、父の義重も政子への聞えを憚《はば》かって娘を帥《そつ》六郎に嫁がせてしまった。

兄の未亡人に艶書

これは不成立に終ったが、これらのことが政子に知れたら、やはり一悶着《ひともんちゃく》おこるところである。頼朝は都の育ちで貴族の生活を見たり聞いたりしていたから、一妻を守ることにそれほどの価値をおかなかったかもしれない。恋愛は日常茶飯事と考えていたのだろう。しかし政子は地方の農村に生れて育った。その性格の点は別にしても、一夫多妻は古来農村にはあり得ない。農村でも豪族となれば多少の余裕が考えられるが、しかし嫡庶の別はハッキリしている。近代的な倫理観ではもちろんないが、健康な農村生活のしきたりとして、同時に多妻は許されないことだった。

政子はそれらの間に出産のために比企谷《ひきがやつ》にうつった。千葉胤正・同胤頼・梶原景季《かげすえ》が供をし、一切は梶原景時が奉行することになった。

そして八月十一日に産気づいて、頼朝は産所に渡り、御家人たちも多く集まって来た。奉幣使《ほうへいし》が伊豆・箱根をはじめ近国の神社に遣わされた。そして翌日に男子出産、頼家である。

頼家誕生

ここで当時の武将の家の長男誕生の際のしきたりをみておこう。

出産のための祈禱僧は伊豆山の専光房良暹《りょうせん》と大法師観修。鳴弦《めいげん》の役（弓の弦を鳴らして魔をよける）は師岳《もろおか》重経・大庭《おおば》景義・多々良《たたら》貞義。引目《ひきめ》の役（音のするやじりをつけて弦を鳴らして祈禱する）は上総《かずさ》広常。出産が午後六時であったが、八時に比企の尼の娘で河越《かわごえ》重頼の妻が乳付《ちつけ》のため召された。頼朝の乳母《めのと》の娘が頼家の乳母になったのである。

七夜は千葉一族

翌日には宇都宮・畠山・土屋・和田・梶原・横山などの御家人から護り刀が献上された。同時に馬も二百疋余り献上され、その馬は鶴ヶ岡をはじめ相模国の神社に納められたが、その使には父母が揃っている壮士が選ばれた。十四日の三夜は小山朝政《おやまともまさ》が、十六日の五夜は上総広常が、十八日の七夜は千葉常胤がつとめた。千葉常胤は六人の息子を連れ、一同白の水干袴《すいかんばかま》を着て侍《さむらい》の間《ま》に坐った。長男の母が御前に膳を供え、また進物をあげた。そして長男胤正と二男師常が甲《よろい》をかつぎ、三男の胤盛と四男胤信が鞍を置いた馬を引き、五男の胤道が弓矢を、六男の胤頼が剣を持って、一同が庭にならぶ。「兄弟ミナ容儀神妙ノ壮士」で、頼朝は「殊ニ感ゼシメ給ヒ、諸人マタ壮観トナス」という。この青年たちは伊豆の流人生活の間からの腹心である。ズラリと並んだ屈強《くっきょう》の若者をながめて、長子を儲けた頼朝は心強いかぎりであったろう。

二十日の九夜《ここのや》の儀は外祖父の時政がつとめた。

そして二ヵ月たった十月十七日に、政子と頼家とは比企谷の産所から本宅に帰った。このときは佐々木兄弟が若君の輿《こし》をかつぎ、小山兄弟が調度や剣を持ち、また比企能員《よしかず》がとくに選ばれて供え物をささげた。この能員は、頼朝の乳母であり伊豆配流のときから二十年も頼朝の世話をした比企尼の養子（甥）である。

このように、めでたく長男を生み育てて妻の座を安らかにしたはずの政子にとって、まことに心外な事件が起った。家庭争議である。

亀の前で一騒動

前に出て来た寵女《ちょうじょ》亀の前のことだが、小坪の小中太光家の邸から、もう少し鎌倉に近い飯島《いいじま》の伏見広綱の家に住まわせて、政子の出産の間も頼朝はここに通って寵愛していた。このことを北条時政の後妻、つまり政子の継母である牧《まき》の方が政子に告げ口をした。それで政子は腹を立て、牧三郎宗親《むねちか》に言い付けて広綱の宅をこわし、亀の前に恥辱を与えた。広綱はかろうじて亀の前を連れて逃げ出し、鐙摺《あぶずり》（逗子の南方）にある三浦の一族大多和《おおたわ》義久《よしひさ》の家に隠れた。

隠れ家をこわす

翌々日頼朝は遊山の名儀で、鐙摺の宅をおとずれ、そこで牧宗親と伏見広綱を呼び出して両人をならべて対決訊問《じんもん》した。牧宗親はひたすら謝《あや》まって土に顔をつけて恐れ入ったが、頼朝は許さず、その髻《もとどり》を手づから切ってしまった。当時の武士には重刑である。宗親は泣いて逃げ走った。そのときの頼朝の言い分は、

「御台所ヲ重ンジ奉ルコトニオイテハ、モットモ神妙ナリ。タダシ、カノ御命ニ順《したが》フトイヘドモ、カクノ如キコトハ内々ニナンゾ告ゲ申サザルヤ。忽チ

ニ恥辱ヲ与フルノ条、所存ハナハダ奇怪《きかい》ナリ」

その晩頼朝はそこに泊った。

翌々晩頼朝は鎌倉に帰ったところ、北条時政は後妻の肉親をそのような目にあわせた頼朝の仕打ちが気に入らず、にわかに伊豆へ引き揚げてしまった。旗あげ以来の義父と聟との間も、双方に女性が絡《から》まってここで気まずいことになってしまった。

頼朝も政子も意地を張り合った。翌月の十日には、こわがって渋る亀の前を、頼朝はまた前の小中太光家の小坪の家に戻した。そして寵愛は「日ヲ追ッテ興盛」という。一方政子は、亀の前に住居を提供した伏見広綱を遠江国《とうとうみ》に流してしまった。六日のちの十二月十六日のことである。


鎌倉で夫婦喧嘩がつづいている間に、天下の形勢は変って来た。頼朝と政子とが、東国の主として甘んじているわけにはいかなくなって来た。それはまず信州に起った木曾義仲の動向からだった。

幼年幼女の許嫁

源義仲は信州から越後・上野《こうずけ》・北陸道にまで勢をのばしたが、養和元年の後半から寿永元年のころは、ちょっと活動が鈍っていた。全国的な大飢饉のためかと考えられているが、翌年の寿永二年からまた激しい活躍がはじまる。まず鎌倉の頼朝との仲を円満にするために、長子の志《し》水冠者義高《みずかんじゃよしたか》を人質として送って来た。頼朝は喜んでこれを許し、長女大姫を義高の許嫁《いいなずけ》にした。義高は十一歳、大姫は五歳か六歳のことである。この義高が義仲の死後に頼朝の命令で討ち取られ、幼年の大姫がそれを悲しんで不幸な一生を送ることになるのは有名な哀史であるが、この義高・大姫についての色々な世話は当然政子の仕事であった。

頼朝も政子もこの大姫には心を痛めたようで、十年たった建久《けんきゅう》五年(一一九四)、つまり大姫が十六−七歳のときになって、なお志水冠者を追懐して思慕にたえず、からだも弱って絶え入るばかりになったという。頼朝は相模国日向《ひなた》山（大住郡、今の伊勢原市）の霊場に参詣して、大姫の病気平癒を祈願した。

病気平癒の祈願

八月十八日になって多少病気もよくなり、沐浴《もくよく》もできるほどだったが安心とまではいかない。そこで政子は頼朝の外甥《がいせい》で、ちょうど京都から鎌倉に来ていた一条高能《たかよし》に大姫を嫁がせようとした。心気一転をはかったのであろう。しかし大姫は母の勧めを聞き入れない。強《た》ってと言えば、深淵に身を沈めてしまうとまで言い切った。まだ義高の思い出が去らないのである。高能も弱って、二度と望まないとあやまったくらいだった。

嫁入りを断わる

その後この大姫は、翌年の建久六年に父母や弟たちとともに京へ上り、多分その前後に時の後鳥羽天皇の女御にあげようという話が持ちあがったらしい。しかし、やはり病気のため話が進まず、建久六年の十月十五日の『吾妻鏡』の記事には

天皇の女御に

「大姫君は日ごろの御病悩で、寝食も普通でなく、身心ともに非常であるので、護念上人に加持をさせたところ、きょう本復した。」

とあって、その後は同書に大姫に関する記載がない。慈円の『愚管抄』によると、建久七年には頼朝は娘を後鳥羽天皇のもとに上げようとする希望が強かったとあり、また翌八年には

建久八年大姫の死

「今年の七月十四日に京都へ参らせようと言っていた頼朝の娘が長患いの末に死んだ。京から実全法師という修験者を送ったのだが、その効がなかった。それなのに、これまで頼朝は強気でもって病気は直ったと披露して来たのだが、この法師がまだ京へ帰りつかない間になくなった知らせが京へ入ったのだから、まるで法師が祈り殺して帰ったようで、おかしなことだ。」

と書いているから、大姫は建久八年にとうとう亡くなったのである。

この大姫入内《じゅだい》の話については、父の頼朝やまた頼朝と親密な関白兼実あたりの

政治工作も含まれているとみられるが、実母の政子にとっては、ただ長女の鬱病を晴らしたい一心であれこれ考え廻《めぐ》らしたあげくのことだったろう。頼朝の甥の高能（一条能保の息）との縁談は峻拒されたが、天皇へとなれば大姫も断り切れず、それが実現すれば長年の鬱病もあるいは本復するかと最後の望みをかけたものだったろう。

このようにして政子の長女大姫は二十歳になるやならずで不幸な一生を終った。

ただし、これはまだ十数年さきの話であって、この寿永《じゅえい》二年（一一八三）の時点ではまだまだそのような娘の入内などということは考えられもしない状態である。東国の主である頼朝が、中央政権に接近するような運命が開かれるかどうかという段階であった。

木曾義仲は息子の義高を人質として鎌倉に送って、ひとまず頼朝の嫡宗《ちゃくそう》としてその地位は認めたが、それはそれとして、その年のうちに平氏の大軍を破って、そのまま京都に追い入った。そして七月二十五日に平氏一門の都落ちとなることは、ここに詳説するまでもないが、この前後のいきさつとそれに処する頼朝の政治力が、東国政権を全国的なものにしてしまう機会を与えたものだった。箇条書にしてみると、

一、つづく飢饉のあとを受けて平氏敗走後の都は荒れはてて居り、義仲の軍兵が略奪、暴行を働かざるを得なくなったこと。

二、宗盛などの計画の裏をかいてまで、後白河法皇は比叡山に登り義仲に期待したのだったが、その野人ぶりと兵士の暴行にあって期待外れの失望が大きかったこと。

三、頼朝はひたすら謀叛とみられることを避けようとし、院にも神宮にも比叡山にも使を出して恭順を示し、とくに領地の保全、収納の確保を約束したことが、

不安に戦《おのの》く公卿に大いに好感を与えたこと。

京都での頼朝への期待強まる

このようにして、頼朝や北条氏、また政子夫人などの意志のいかんは別として、京都の貴族たちの頼朝への期待は強まっていき、寿永二年八月半ばに院の近臣中原泰貞《やすさだ》が下向し院宣を鎌倉に伝えて十月の末に帰京するまでの間は、都ではひたすら頼朝の噂で持ちきったという。

九条兼実は

たのむは頼朝の上洛のみ

「近日の世は武士のほかは存命するみちがない。四国、山陽道の安芸《あき》以西、九州などは平氏が占め、北陸・山陰は義仲の支配地になっているから、院の領地をはじめ一切の事務がとれない。また東海・東山も頼朝が上洛して来ないうちは処理することができない。それに加えて畿内の田畠はことごとく作物を刈り取られ、庄園・公領の租税も多少を問わず輸送の途中で奪われる。市中の商売も止り、市民は生活の道が絶えた。たのむ所はただ頼朝の上洛のみ。」

という風に書いている。

これではいやが応でも頼朝の存在が、貴族政権と武士土豪勢力との潤滑油の役目を、これからも今まで以上に果さざるを得なくなる。

頼朝復官

同年十月に頼朝は平治の乱で奪われた右兵衛佐の官を復された。そして勧賞《げんしょう》の順は頼朝第一、義仲第二、行家第三と定められた。これで罪人でも謀叛人でもなくなった。土豪の首領としての頼朝だけだったら、これで念願がかなったわけだが、もう今はそれに止まっては居られない。

北条政子をもって代表される東国土豪の一家としては、やはりそのへんが一つのメドであったのだろう。それが推察される一つの材料として、この年の上総広常の事件がある。広常は上総の大豪族で頼朝勢の大支柱の一人であったが、寿永二年十二月に頼朝の疑いを受けて滅ぼされた。この年は『吾妻鏡』の記事が欠けていて真相はわからないが、『愚管抄』でみると、広常は頼朝が京都の朝廷のことばかり気を使うのを不満とし、東国でこのまま頑張っていれば誰も手をつけることはできまいに、と言ったのを頼朝が知って怒ったのだという。

上総広常の場合

後の戦国の世の大名などとは違って、この時代の豪族は大体そのへんに真意があったのであろう。広常でも千葉常胤でも北条時政でも、したがって北条政子でも。

しかし情勢の変転がそこに止まることを許さず、そこに都育ちの頼朝の働く場がつぎつぎと訪れることになった。

義仲の敗死

後白河法皇と義仲との間は険悪の一途を進んで法住寺殿の事件となって爆発し、とうとう頼朝は義仲を討つ決心を固めて、範頼・義経の二弟を進発させた。義仲はもろくも粟津《あわず》ヶ原に敗死し、その勢いに乗った東国兵は、息つくひまもなく平

一の谷で天下最強を公示

氏の前衛基地一の谷を急襲して敗走せしめた。

この寿永三年(一一八四)二月の一の谷合戦で、鎌倉支配下の御家人武士が天下最強の武力をもつことを公示したわけである。もはや鎌倉は一地方政権ではなくなった。全国を支配する武家政府であるべき根底が成立したのであった。

しかし、だからと言って頼朝が京都に上って貴族的政権を整理し経営すべき情勢ではないことは改めて言うまでもない。東国武士は彼ら自身の政治体系を打ち立てようための頂点的存在として頼朝の身分を必要としたのだった。頼朝が鎌倉を離れれば、その拠って立つ足場から去ることになる。やはり御家人支配の最高機関としての地位をつづけなければならない。したがって夫人政子も、もう東国一武将の妻だけではなく、全国的視野をもたなければ、その役目は果せなかろう。そして同時に、あくまでも武士の妻であって、貴族夫人になるわけにはいかない。

平氏のあとの始末は、屋島《やしま》・壇の浦と弟義経が活躍するが、頼朝と政子とは何よりも鎌倉政府を強化することにつとめる。次の政子の仕事は、義仲の遺子義高の処分とそれに対する長女大姫の悲嘆を慰めることだった。義高が斬られたのは元暦《げんりゃく》元年(一一八四)四月二十六日のことだった。大姫の愁嘆ははげしく、飲水を絶ってしまったほどだった。政子も同情した。義高は一度は計略をめぐらして危地を脱したのだったが、数日後に堀親家《ちかいえ》の郎従のために入間河原《いるまがわら》で斬られた。その後三ヵ月をへて大姫の哀傷はいよいよはげしく病気になってしまった。政子は「親家の郎従がたとえ命令によって追いかけたのであっても、どうして内々に大姫のところに知らせないのか。なにか助ける方法もあろうに。」と大いに憤りを述べたので、頼朝も仕方なく、その下手人を斬った。しかし大姫はこの出来ごとのために一生を廃人の如く送ることになったのは前に書いた通りである。

この前後に政子の心を使ったもう一つの問題は一の谷の捕虜である平重衡《しげひら》のことだった。頼朝は重衡に伊豆の三島《みしま》で対面していらい、好意を感じて鎌倉でも酒《しゅ》

重衡と千手の前

肴《こう》を贈ったり、藤原邦道や工藤祐経《すけつね》のような都風に馴れたものを遣わして慰めたりした。そのとき政子は自分の侍女の千手《せんじゅ》の前を重衡のそばに侍らせ、「田舎娘もまた一興でしょうから、御滞在の間はおそばにお置き下さい」と申しやった。重衡はいずれ奈良の寺院焼打の罪で処刑される身の上だったが、この頼朝や政子の厚遇は彼のための最後の慰めになったろう。千手はその四年後に原因不明の病いで死んだが、重衡を思うの余りだろうと人々は察したという。

一の谷から逃げて瀬戸内海に浮んだ平軍に対して、頼朝は範頼を大将として追討軍を派遣したが、うまく行かない。兵糧が足りないし馬もない。武士は帰りたがって気がそろわない。しかたがないので頼朝は京都

源義経自署
（高野山文書）

にいた義経に出陣を命じた。頼朝の方針に背いて朝廷から任官を受けた義経に、頼朝としてはすでに不快を感じていたのだが、止むをえなかった。そして鎌倉での頼朝は、もっぱら神社参拝や寺の供養につとめていた。元暦二年(一一八五)正月には政子とともに栗浜《くりはま》(久里浜)明神に参拝祈願したし、二月十九日には鎌倉に南御堂を建て始め、その材木は頼朝自身で伊豆から求めたものであったが、その事始めに政子とともに臨んだ。

壇の浦の勝報来たる

そのうちに義経の功で屋島《やしま》の戦勝の報が来るし、つづいて四月十一日の南御堂の柱立ての日には壇の浦の平氏討滅の飛脚がついた。鎌倉の毎日は安泰である。武士支配の組織を着々と組み立てていくことが今後の重要事であり、夫人としては一家内の雑事を手際よく処理して、尊敬されるだけの地位をきずかなければならない。

義仲の妹宮菊

平氏が滅びたその年の五月、頼朝は義仲の妹で宮菊という女性を鎌倉に呼んだ。

政子の勧めからであった。この人は政子とはとくに養女の契約があったほどの仲で、美濃《みの》国から京都へうつり住んでいた。ところが、在京の武士の中でこの女性の名儀をかりて荘園などを略奪するものがあって、その噂が鎌倉に伝わって来た。義仲滅んで平氏が西に走った後、近畿の武士の乱暴沙汰が多くて、頼朝の頭痛の種であったところに、このことがあって、鎌倉では一応この女を「物狂いの女房」と名付けてそれに従うものは搦《から》め取る命令を下したが、政子が宮菊を憐れに思って鎌倉に呼び寄せることにした。

物狂いの女房

それが五月一日に鎌倉に着いて、京都の所々の押領事件は自分の知らないことと弁解し陳謝した。政子は「義仲は朝敵として討たれたが、これと言った罪のない妹は憐んでやらなければならない。」として、美濃国の遠山庄内の一村を宮菊に与えることにした。

すでに義仲滅んで恐れるところもないのだから、同族の女性としてこのような恩典を与えることを適当と考えたのだろう。女らしい心使いである。

父義朝の供養

このころ頼朝が力を入れて建立していた南御堂（寺号は勝長寿院）に、父義朝の遺骨を葬り、成朝《じようちよう》作の丈六仏を安置したので、十月二十四日にはその盛大な供養の式が挙げられた。鎌倉中の御家人が参列し、政子も鎌倉に来ていた一条能保《よしやす》の妻（頼朝の妹）と並んで聴聞した。

この父義朝の供養の盛儀は、平氏を滅ぼした今、頼朝にとっても政子にとっても誠に本懐この上ないところで、完全に平治の怨みを晴らし、源家の棟梁たることを名実ともに示したものだった。

この上は心にかかるものは、頼朝にとって叔父にあたる行家と弟の義経との謀叛だけであった。行家は頼朝と仲違いしてから義仲についたがこれとも反目し合い、この年元暦二年（八月十四日に文治元年と改元）の八月には明らかに鎌倉に敵対している。義経は壇の浦の合戦の後、捕虜を連れて鎌倉へ来たが、腰越《こしごえ》に止められて頼朝と面会を許されず、空しく一月を過してこの年六月には平宗盛《むねもり》・重衡《しげひら》らとともに京都に引き返した。そして行家といっしょになって鎌倉に反抗する立場になってしまった。

しかし鎌倉の頼朝にとっては、天下の武士をすべる今の身としては、案外行家・義経のことはそれほどの大事とはみなかったかも知れない。もちろん一族の中に統制に服しないものがあるのは許せないから、どこまでも追討する必要はある。しかし、いくほどの手兵《しゅへい》を持たない彼らに、鎌倉の安危を左右する力があるとは思われなかった。

頼朝追討の宣旨

むしろそれよりは頼朝の関心は、文治元年十月十八日に行家・義経に対して下された頼朝追討の宣旨の問題が大きかったろう。

「従二位源頼朝卿偏《ひと》ヘニ武威ヲカガヤカシ、スデニ朝憲ヲ忘ル。ヨロシク前備前守源朝臣行家・左衛門少尉同朝臣義経等ヲシテ彼ノ卿ヲ追討セシムベシ。」

という宣旨であった。

頼朝は勝長寿院の供養の当日からすでに準備して軍を整え、五日後には上洛の途についた。しかし行家と義経とが四国・九州を指して船出したまま行方不明になったと聞いて、途中から鎌倉へ帰った。頼朝はこの院宣や四国・九国地頭に補するという下文《くだしぶみ》がよほど気になったと見えて、「今度の事は宣旨といい下文といい逆徒の申請のままにしたがっている。どうして自分方の度々の勲功を棄ててしまうのか」と嘆いている。院ではこの情勢からあわてて今度は十一月十一日に行家・義経追討の院宣を出したり、さらに十五日には法皇の近臣大蔵卿泰経《やすつね》の使を鎌倉に送って、院宣を下したいきさつを恐る恐る弁解させた。

「行家や義経の謀叛は天魔の所為である。院宣を下さなければ宮中に参じて自殺（弑とした本もある）するとおどされたので、難を避けるために一たん許したけれど決して法皇の本心ではなかった。」

という風にである。これに対する頼朝の返答を『吾妻鏡』の文を仮名書きにして書くと、

「行家・義経謀叛ノコト、天魔ノ所為タルノ由仰セ下サル。ハナハダ謂《いわ》レナキコトニ候。天魔トハ仏法ノタメニ妨ゲヲナシ、人倫ニオイテ煩《わずら》ヒヲ致スモノナリ。頼朝アマタノ朝敵ヲ降伏シ、世務ヲ君ニ任セ奉ルノ忠、ナンゾ忽チ反逆ニ変ジテ、サシタル叡慮ニ非ズシテ院宣ヲ下サルルヤ。行家トイヒ義経トイヒ、召シ取ルノ間ハ諸国衰弊シ、人民滅亡センカ。ヨッテ天下第一ノ大天狗ハ更ニ他ノ者ニ非ザルカ。」

天下第一ノ大天狗

よほど心外のことだったろうが、これまでの恭順をもっぱらしていた頼朝の態度から思うと、だいぶん変って来た。平氏滅んだ今は、最強の実力者である自信を持って来たのだろう。「諸国の衰弊、人民の滅亡も今後起ろうが、その原因とな

った日本第一の大天狗は、ほかの人ではない。」と言い切ったのである。

このころからの頼朝は、積極的に宮廷内の工作を進め、共鳴者を九条兼実などに求め、北条時政を京都に送り、そして守護・地頭設置となる。これが実質上の武家政府の確立であった。一方、夫人の政子は、やはり一家一族内の紛議の調停が主な役割であって、つづいて起った出来事は義経の妾静《しずか》の鎌倉入りであった。

甘縄へ参拝

その年、文治二年の正月に政子は頼朝とともに甘縄《あまなわ》の神明宮に参拝しているが、これは前年の暮にこのあたりの土民が変死したり僧が怪異にあったりしたのを、政子の侍女が崇徳《すとく》院の祟りだとする夢をみたことからだったらしい。この正月には頼朝の妹夫妻の一条能保《よしやす》とその夫人が京都に帰るというので、政子もその餞別に忙がしかった。京都に北条時政はいるが、公卿の中に頼りになる人材が少なかったので、一条能保を予定より早く京都へ帰すことにしたのだった。それと前後して都の時政に対して、静を鎌倉へ送り届けるように伝えた。

大進の局の出産

静鎌倉に入る

まだ静が鎌倉に着かない間に、頼朝の妾の大進《だいしん》の局（常陸介時長《ときなが》の娘）が頼朝の息を生んだ。政子が嫌うのでお産の儀式は簡略だったというが、その五日後に弟義経の妾の静が妊娠の身で鎌倉に入る。政子の身辺はなかなか多忙であった。

静は母の磯《いその》禅師に連れられて三月一日に鎌倉に到着し、安達新三郎（当時上洛中）の宅に入った。静はすでに京都で北条時政に取り調べを受けていたが、その申し立てに疑点があるというのでまた尋問を受けた。このへんの記録は、物語の類とは違って『吾妻鏡』は信をおけると思うので、煩《はん》を厭わずその大要を書いておく。

京都での証言は、「義経に伴われて西の海へ船出したが大物の浦で漂流し、海を渡ることができないで分散した。その夜は天王寺に泊ったが、ここから義経は、一両日中に迎えをよこすという約束で逐電《ちくでん》した。自分はそこに待っていたところ、馬を送って来たのでそれに乗り、どことも知れず三日を過ぎて吉野山に着いた。そこで（義経とともに）五日間逗留《とうりゅう》したが、遂に別離してその後の行方はわからない。自分は深山の雪をしのいで辛うじて蔵王堂《ざおう》についたが、そこで執行《しぎょう》に捕えられた」というのだった。

鎌倉での尋問は、「以前の申し立てでは吉野山に逗留したとあるが、その点がはなはだ信用できないがどうか。」というのに対し、静は「吉野の山中ではない、その僧坊である。しかし山の大衆が蜂起して義経を捕えると聞いたので、そこから義経は山伏の姿になり大峰に入ると言って坊主に送られて登山した。自分もまた後を慕って一の鳥居のあたりまで行ったが、女人禁制ということでその坊主に叱られてやむなく都の方へ向った。ところが同行した下人共が自分の持つ財宝を奪って逃げてしまったので、道に迷って蔵王堂に行き着いた。」という。重ねて、義経を送った坊主の僧の名を尋ねたが、それは忘れたと答えた。

そこで頼朝は、京都での申し立てと今の言葉と大へん違っているし、また大峰に入ったと言っているが、多武峯《とうのみね》に入ったという報告も来ているから、まだまだ虚偽の言があろう、重ねて取り調べるように、と命じた。しかし諸国司や熊野の金峯山《きんぷせん》に対して、行家・義経を捜索して召し進ぜよ、という院宣が出たし、伊勢や比叡山方面に出没している情報もあり、かたがた静は妊娠の身でもあるので、取り調べはそのままになった。そして四月八日の鶴ヶ岡の舞となるのである。

政子舞を懇望

その日、頼朝と政子とは鶴ヶ岡に参拝して静を廻廊に呼び出して、舞を所望した。このことは前々から命ぜられていたのだったが、病気を理由としたり、お尋ね者になっている義経の妾として晴れの場に出るのは恥であると言ったりして断わりつづけた。政子は、「天下の舞の名手がたまたまこの地に来て近く京都へ帰るというのに、その芸を見ないのは残念のこと」としきりに頼朝に勧めて静を召させた。「八幡大菩薩に供えるのだから」と再三強《し》いたので、渋々ながらようやく静は舞うことになった。工藤祐経が鼓を打ち、畠山重忠が銅拍子《どびょうし》をつとめた。

「よし野山みねのしら雪ふみ分ていりにし人のあとぞこひしき。しづやしづしづのをだまきくり返し昔を今になすよしもがな。」

『吾妻鏡』は、「誠ニコレ社壇ノ壮観、梁塵《りょうじん》ホトンド動クベシ。上下ミナ興感ヲ催ス」と褒めちぎっている。しかし頼朝は、「八幡宮の御前で芸をつとめるとき、もっとも関東の万歳をこそ祝うべきであるのに、我が前をば憚からず、反逆の義経を慕い別離の歌をうたうとは奇怪の仕打ちだ。」と怒った。これに対して政子の語った言葉は「結婚」の所でも引用したが、政子が自分の感慨を公然と述べたものであり、政子の性格をもよく現わす貴重な材料である。原文を仮名交りにしてそのままを記しておく。

政子の切言

「君流人トシテ豆州ニオハシ給フノコロ、吾レニオイテ芳契《ほうけい》アリトイヘドモ、北条殿時宜《じぎ》ヲ怖レテ潜《ひそ》カニ引キ籠メラル。シカシテナホ君ニ和順シ、暗夜ニ迷ヒ、深雨ヲ凌ギ、君ノ所ニ到ル。マタ石橋ノ戦場ヲ出デ給フノ時、独リ伊豆山ニ残留シ、君ノ存亡ヲ知ラズ、日夜魂ヲ消ス。ソノ愁ヒヲ論ズレバ、今ノ静ノ心ノ如シ。予州（義経）多年ノ好《よし》ミヲ忘レ、恋慕セザレバ、貞女ノ姿ニ非ズ。外ニアラハルルノ風情《ふぜい》ニ寄セテ、中ニ動クノ露《ろ》胆《たん》ヲ謝ス、モットモ幽玄トイフベシ。マゲテ賞翫シ給フベシ。」

というのであった。衆人列座の中で自分の過ぎし日の心情を語り、それにくらべて今の静に同情を寄せている。感情を偽わらない率直な人がらである。頼朝側近の文筆家が記録したものだから、実際の言葉使いよりはかなり簡要にしてあると思うが、それでもなお八百年後に読むものの心をも打つもの

鶴岡八幡宮

がある。

　このころは以前よりはるかに峻厳な処置を行なうようになっていた頼朝だが、この政子の切言《せつげん》には打たれたと見え、憤りをおさめて、しかも褒美まで与えることになった。

　この静の滞在中、長女の大姫は病気を直すために祖父義朝をまつる南御堂に二七日の参籠を行なった。その参籠期間の満つる前夜に、静はこの南御堂に参詣して仏前で舞を納めた。これも政子が愛する娘を慰めるために静に頼んでのことであったろう。

静、南御堂に舞う

　静は出産が近づいたのでなお数ヵ月逗留することになった。そして義経が比叡山に隠まわれているという情報が鎌倉にはいって来たころ、閏七月の二十九日に静は安達新三郎の宅で男児を出産した。女児ならば助かったところだったが、男児では許されない。静は新三郎が受取りに来たとき、赤子を衣に包んで抱き臥して泣き悲しんだが、とうとう母の磯禅師が後難を恐れて子供を安達に引き渡してしまった。政子もこれを知って愁嘆し、頼朝をなだめてみたのだが、これはいれられなかった。

政子と大姫と静と

悲運の静は母とともに九月十六日に鎌倉を発って京都に向った。政子と大姫とは、憐れに思い数々の贈物を与えた。

乙姫(三幡)の誕生年不明

このころの頼朝・政子にとっては、義経の行方不明が気にかかる以外にはそれほどの煩事《はんじ》はなく、したがって政子も一家中の出来事を処理したり、鶴ヶ岡や勝長寿院に参拝参詣したりすることが主な日常であったようだが、ここで問題にしたいことは、次女三幡の出産年月である。『吾妻鏡』にはこの出産に関しては何にも書いていない。ただ正治元年（一一九九、この年の正月に頼朝没す）の六月三十日の条に、「三十日庚寅、陰《くも》り、午《うま》ノ剋姫君三幡遷化《せんげ》ス、御年十四」とあるから、それから逆算すると数え年の計算で文治二年（一一八六）に生れたことになる。大森金五郎氏をはじめ、普通には次女三幡文治二年生れ、としているのだが、あれだけ丹念に記録してある日記に政子出産の記事が抜けているのは少々納得いかない。ことに政子は長男頼家のときも二男実朝のときも、妊娠中に病悩と記録されているから、あまり軽いお産ではなかったはずだ。生れるまでは男女の別は判らないのだから、男子の場合だけ記録して、女子のときは省略するというのもおかしい。

そして文治二年の政子の行動を挙げてみると、正月に、頼朝とともに甘縄神明宮に参拝、帰りに藤九郎盛長の家に立ち寄る。一条能保夫妻を足立《あだち》遠元《とおもと》の宅に訪ねて送別の宴を張る。二月に一条能保夫人と息女に餞別として長絹《ちょうけん》三百疋を贈る。常陸介《ひたちのすけ》時長《ときなが》の娘が頼朝の子を産んだことを甚だにくむ。四月に静の舞を鶴ヶ岡に見る。六月に、頼朝とともに比企尼の家に行き納涼の宴を終日。七月に勝長寿院の万燈会《まんどうえ》に頼朝とともに参る。閏七月に、静の子の助命を願って許されず、九月に、静母子の帰洛に重宝を与える。十月に、頼朝の妾が二月に産んだ男児を長門《ながと》景国《かげくに》が養育していることを知って、景国と子を深沢に隠居させる。十二月に、鶴ヶ岡に参って巫女《みこ》たちに祿を与える。

年齢の間違いか

こう見て来ると文治二年の間には、出産のことがあったとは考えられない。『愚管抄』にも建久八年に、長女大姫のことを書いた後に、「頼朝コノ後京ノ事ドモ聞テ、猶次ノムスメヲ具シテノボランズト聞ヘテ」とあるのだから、『吾妻鏡』に死去のことだけはっきり書いてあるこの三幡が、実在しなかったとは考えられない。そうすれば年齢の間違いとしか想像できない。

とすると、三幡の誕生は、㈠一年あとの文治三年か、㈡一年前の文治元年か、㈢三年前の寿永二年か、というぐらいのところが考えられる。

㈠一年あとの文治三年ということは文治二年にくらべると政子の行動の記録に、月日の間隔があり、正月と五月に鶴ヶ岡参拝、九月に比企尼の家で重陽《ちょうよう》の宴、十二月に政子の妹の急病を見舞う、ぐらいの記録しかないから、考えられなくはないが、年齢の数え方からいうと少し無理であり、またこの年は平穏な鎌倉の日常であったから、出産の記事を落したとは思われない。

㈢の寿永二年というのは、『吾妻鏡』がその年全部の記事を欠いているから、その点では一番自然なのである。ただし、そうすると頼家の出産の翌年になり、それから九年たって実朝が生れたのでは間が遠過ぎるようだし、十七歳と十四歳とでは少し誤りが大き過ぎるとも思う。ただし『明月記』には十七歳で死んだとしているから、これは否定し切ることもできない。

㈡一年前の文治元年には正月と二月とに栗浜明神・南御堂の参拝参詣があった後は、十月末の勝長寿院の供養まで行動の記載がない。そしてこの年は屋島・壇の浦合戦の年であり、現地および京都からの報告が頻々とあって、記事は輻輳《ふくそう》している。もし政子の出産を編者が収録し落としたとすれば、文治二年・三年よりもこの年の方があり得ることのように思われる。そして数え方によっては、この年に生れて正治元年を十四歳とする今の満年齢のような計算のしかたも、比較的に不自然さが少ないようである。

また一つには、頼朝が愛人亀の前を呼び寄せたり新田義重の娘を求めようとしたのは、政子の長男出産の前後であることを思うと、この年の出産は、常陸介時長の娘を寵愛したのが文治元年であったこととも符合するのではないか。あるいは牽強《けんきょう》の弁としかられるかも知れないが。

政子の出産と頼朝の愛人

一男二女を儲けて政子の主婦としての生活がつづく。文治四年の正月には頼朝が、伊豆山・箱根山・三島の三社廻りをしたので、その留守に政子は頼家を連れて鶴ヶ岡で神楽《かぐら》をあげ、その後に七歳の頼家は父を固瀬《かたせ》河まで迎えて一緒に帰って来た。同じ正月には政子の侍女の越後の局の男子出産があるかと思うと、四月には同じく侍女の千手の前が政子の前で気絶し、数日後に死んだ。平重衡《しげひら》に侍した女性である。七月には頼家の着甲始めの儀式があり、また盂蘭盆《うらぼん》には義朝の追善のため勝長寿院で万燈会《まんどうえ》があって頼朝とともに参堂した。このような月日がつづくのであったが、あけて文治五年になると、政子にとって心配事が起った。それは閏四月三十日に奥州の藤原氏に隠まわれた義経が自殺したのは、まず一安心だったが、その隠匿《いんとく》の罪を鳴らして頼朝は奥羽に遠征することになったのである。

もちろん頼朝にとっては、これは天下の兵権を握る最後の仕上げであり、また自信満々の戦いではあったが、夫人としては富士川合戦から常陸佐竹征伐いらいの九年ぶりの頼朝の出征である。七月に一千騎を率いて鎌倉を出発し、十日たった月末には白河関を越え、八月七日に陸奥国に着いて、戦いが始まった。政子はその十日に御所中の女房数人とともに鶴ヶ岡にお百度詣りをして無事を祈った。

鶴ヶ岡にお百度詣り

もちろん戦いは一方的な勝利に終って頼朝は十月に帰着した。これは兵馬の権を一手に握ったというだけではなく、広大な奥羽の土地の支配権を手に入れて、御家人に所領を分与することに大いに役立ったから、鎌倉政権の基礎を拡大し強化したものだった。しかし今の政子は、政治には口を入れない。大江広元が専ら取り計らっている。

幸福の頂上か

十二月に政子は鶴ヶ岡にお礼の参拝を行なって神楽を上げた。思いの外の大事業を成しとげた頼朝の妻として、政子の幸福はこのあたりが頂上であったかも知れない。

頼朝の上洛と任官

翌年の建久元年の十月三日には頼朝は京都に向って出発した。奥州征伐を終って、今は文字通り全国武士の総帥《そうすい》である。本隊が相模の懐島《ふところじま》（今の茅ケ崎）に着いたとき後軍はまだ鎌倉を出かけないというほどの大行軍であった。十一月七日に晴れの入京。後白河法皇にも面会した。権大納言兼右近衛大将に任官。頼朝のもつ一つの面としてはこれで宿望を達して大歓喜であったろうが、もう一つの面からすれば公卿に列すべきではないから、直ちに両官を辞退した。このへんは前もってからの予定の行動であり、頼朝だけでなく側近の智謀の集まったところではあろうが、とにかく賢明な処置である。律令政権とは別箇の武家政権を打ち立てようとする責任者として、まことに当を得たものであった。貴族的環境に育った頼朝であり、多年の遠国の流人生活の経歴からいえば、あるいは個人としては貴族公卿に上ることを無上の光栄として、それに執《しゅう》したかも知れない。しかしそれを思い止まって武士の首領という立場を離れない決意を通した。

東国の武士土豪は決して源家の浮沈のためばかりに起ったのではなく、また平清盛の後継者としての頼朝に武力を提供したのでもない、律令にかわり、皇権にかわる支柱を求めているのだということを、身をもって体認していなければこのような処置はとり得なかろう。

そこに政子とそれにつながる北条氏の現実面からの働きがあったといっていい

と思う。

次男実朝の出産は建久三年(一一九二)のことだった。着帯《ちゃくたい》の儀式は四月二日。頼家のときと同様に、頼朝が帯を結んだ。そして今後毎月安産の祈禱を行なうように鶴ヶ岡の供僧《ぐそう》に命じた。

七歳の庶子貞暁

一方頼朝はこのころに、やはり愛人の大進《だいしん》の局の所へ通ったようで、庶子はすでに七歳になっていた。しかし政子が嫉妬して憎むので、子供は京都へ送る手筈になっていた。この着帯の儀のあった数日後にはこの子の養育者を長江景国に決めた。政子を憚かって、ほかにはなり手がなかった。そして翌月いよいよ京都へ出かけるとき、頼朝は前夜にこっそりその母の宅を訪ねて剣を餞別に贈った。この子は京都の仁和寺に入って僧となり貞暁と称した。

千幡(実朝)の誕生

七月にはいって政子が病気というので、人々は騒いだが、これは数日たって妊娠のためのものと判り、八月九日にめでたく次男実朝を出産した。鳴弦《めいげん》の役は平山季重《すえしげ》と上野光範《みつのり》。引目《ひきめ》の役は和田義盛。そのほか主立った御家人が馬や剣を献上したことは長男頼家の場合と同じである。七夜も過ぎて二十日には頼朝は産所の名越《なごえ》の御所を訪れた。これで頼朝と政子とは二男二女を得たわけである。

この出産の数日前に頼朝は征夷大将軍の除書《じしょ》を受け取っている。形式的にも武士の大将として幕府を開設することになったのである。時に頼朝は四十六歳、政子は三十六歳。結婚後十五年を過ぎて、征夷大将軍とその夫人とは、十五歳（又は十四歳）の長女大姫、十一歳の長男頼家、八歳（又は十歳）の次女三幡と、いま当歳の実朝とで、源氏の本家をつくり上げることになった。

四　政子の上京

政子の忙しいが幸福な妻の生活はまだ数年つづく。しかし征夷大将軍になった翌年あたりから、頼朝や政子の身辺にどことなく不吉な影がまつわり始めたように思える。その一つは頼朝の弟の範頼《のりより》の死であり、もう一つは長女大姫の病気であった。

範頼のことは富士野の巻狩のときに始まる。頼朝はこの年には春に那須野ヶ原《なすの》で狩をして一ヵ月ほど鎌倉を留守にし、また五月には富士の裾野で大規模な狩倉《かりくら》を催した。奥州征伐から数年の平穏がつづいたので、将士の演習の意味もあったろうし、また後白河法皇がなくなって一周年は殺生を慎んだので、この年に二度もつづけることになった。

富士の巻狩

この巻狩で十二歳の頼家が鹿を射取ったというので頼朝が喜んで、早速に梶原景高《かげたか》を使として鎌倉の政子の所へ急報した。ところが政子は、「武将の跡取りが野原で鹿や鳥を獲《と》るぐらいのことは、それほど騒ぐようなことではない、使いなどは無用なこと。」と言ったので景高は面目を失したという。この話は頼朝の子煩悩ぶりを示すとか、政子の気の強さを現わすとか言われて有名な逸話になっている。どちらも多少は当っていようが、やはり育ちの違いというところだろうか。

それはともかくとして、この巻狩のあった間に、正確には五月の二十八日に曾我五郎・十郎の仇討ちがあった。その知らせが鎌倉へ飛脚で報じられたのは三十日の夕方だったが、噂《うわさ》はその前に伝わって来たと見えて、鎌倉には頼朝も討たれたと聞こえて来た。政子は大いに嘆き騒いだ。範頼はこの時鎌倉の留守をしていたが、「私がこの通りついていますから跡のことは御心配はありません」と政子を慰めた。

範頼、義姉を慰める

これが後になって多分政子の口から頼朝に伝えられたとみえて、範頼は天下をねらうものとの疑いをかけられた。このことは『保暦間記《ほうりやくかんき》』に書いてある。『保暦間記』は武人の経験のあるものが仏門に入ってから書いたもので、死者の怨霊などの話には作為がみられるが、がいして信用できる記録である。『吾妻鏡』には、その理由は書かないで、範頼が叛逆を企てていることを頼朝に尋問されて、それ

範頼伊豆で死ぬ

に対する起請文《きしょうもん》がのせてある。結局はこの起請文もいれられず、範頼の家人当麻《たいま》太郎が主人の身を案じて情報を得ようと頼朝の寝所の床下に忍びこんだことが一層情状を悪くして、範頼は伊豆へ流されて後に死ぬことになった。

その臣の当麻太郎が死を免かれて薩摩への流刑ですんだのは、大姫の病気のおかげだった。十五―六歳になった大姫はそれほど病弱が心配されていた。多分神経症と思われるが、この八月にも容態が悪く、頼朝や政子は方々の観音堂に平癒を祈った。建久五年の一月に、政子が伊豆・箱根の両権現に奉幣のため五日ほどの旅行をしたのもそのためであったろう。しかし大姫の病状は一進一退し、七月の末にはことに危くなった。相模の日向山《ひなた》（大山の東方）が効験ありというので、頼朝が祈願に行ったのはこのときであった。幸い八月の半ば過ぎにやや快方に向った。しかし先のことまでは判らないとして一同嘆き合った。前にも書いたように、政子は頼朝の甥の一条高能《たかよし》（一条能保の息）に大姫を嫁がせて気分転換をはかろうとしたが、

日向薬師

大姫は聞き入れない。やはり幼年期の許婚者、志水義高への追憶が大姫を神経症に沈ませたのである。

三崎への家族旅行

閏八月の一日には三浦三崎に一家で旅をして、大姫を慰めようとした。先に頼朝と一条高能とが行って小笠懸《こがさがけ》を見物し、夕方に政子は大姫をはじめ子供たちを連れて三浦の山荘を訪ねた。三浦義澄の設営で、山海の眺望の美事さに加えて美酒佳肴を供え、興のある一夕であった。帰ってから政子は、志水冠者の追善のために盛大な仏事供養を行なった。

この年の暮までに、来春を期しての一家の京都旅行の準備が始まった。政子にとっても子供たちにとっても始めての大旅行で、しかも行き先は京都である。かなりの大決心の上のことと思われる。

京都旅行の目的

奈良の東大寺再建供養に列するのが第一の目的である。京都附近の寺社を巡拝することが第二の目的である。また関白兼実と話し合って、後白河法皇なきあとの宮廷内の工作を進めることが第三の目的である。そして第四の目的——もちろんこれらの順序はどれが一でも四でもいいのだが——ひそかに重要な目的と考えていたのは、当時十六歳の後鳥羽天皇の後宮《こうきゅう》に大姫を入れることではなかったか。政子にとってはとくにそうだったろう。自分の野心のためではなく、娘の気分を転換させようためである。

そのほか頼朝としては、妻や子供に都を見せて東国とははるかに風を異にする都の空気を観察させることも大事なことだったろう。しかし、事実さしせまっての直接の動機としては東大寺の供養である。

建久六年（一一九五）二月十四日、頼朝と政子は男女の子供（多分実朝をも含めて）一同を連れて鎌倉を出発した。行家や義経の残党が襲撃するという噂があるので、比企《ひき》能員《よしかず》と千葉常秀《つねひで》が先発しており、一行の先頭は畠山重忠がつとめた。

三月四日の夕方に京都の六波羅《ろくはら》の宿館に入った。頼朝は石清水《いわしみず》に一晩籠って、そこから東大寺に向ったのが三月十日。頼朝の車を中心に何万の武士が行列した。その夜半には後鳥羽天皇が奈良に行幸。当日の十二日は地震があったり大雨が降ったりしたが、これも吉瑞として供養の式は無事に行なわれた。頼朝はこの再建事業に功のあった宋僧陳和《ちんわ》卿《けい》に面会を求めたが、和卿は、国敵退治のためではあっても多くの人命を断った罪業の深いものとは会えないとして、面会を拒絶した。仕方なく頼朝は甲冑や鞍《くら》をおいた馬三疋と金銀などを贈ったが、和卿は寺の釘の材料として甲冑とまた馬の鞍一口とを受け取っただけで、ほかは返してよこした。十四日に京都に帰り、公卿たちと会ったり贈り物をしたりの日をつづけて二十七日には参内し、二十九日には六波羅邸に丹後《たんご》の局を招いた。政子も姫たちも局に対面した。この丹後の局というのは故後白河法皇の寵姫《ちょうき》であって、権大納言源通親《みちちか》と結んで当時宮廷の勢力者である。翌月十七日にも局は六波羅を訪ねて政子や娘たちと会っている。

十八歳の大姫をこの年十六歳の後鳥羽天皇の女御に進めようとする話は、この政子と丹後の局との会談のあたりから始まったのではないかと想像される。

このとき天皇の後宮には関白兼実《かねざね》の娘任子《にんし》（宜秋門院《ぎしゅうもんいん》）とその競争相手である源通親の養女在子《ざいし》（承明門院《しょうめいもんいん》）とがあがっている。そしてこの年の八月に任子は皇女を出産し、十一月に在子は皇子（後の土御門）を出産した。このときはまだ両方とも産前であるから、何ともいえないが、娘を後宮に入れて男子を儲けるのが公卿の最高の望みであったことを思うと、この反目する兼実と通親との競《せ》り合いの間に、兼実は自分の頼みとする頼朝の娘の入内をも望んで、ひそかに鎌倉と連絡

政子、兼実の反対派に望みを明かす

していたのではなかろうか。

一条能保が病気のために出家してからは、頼朝の心を許せる相談相手が都にはない。鎌倉の力を利用しようとするものしかないときである。貴族好みの頼朝が、兼実の勧めに乗って娘の入内を夢見たことを、『愚管抄』にしたがって肯定して差しつかえないと思う（三浦周行氏は否定し、大森金五郎氏は肯定に傾いている）。そしてそれを牽制すべき立場にあるはずの政子は、前に記したように、娘の病気を直したい一心で結婚による平癒を願っていたのである。一条高能の場合は大姫に拒否されたが、天皇の女御となれば大姫も断わるわけにはいくまい。

そして政子は兼実の反対党である丹後の局にその望みを明かしてしまった。農村育ちの率直な政子の申し出を、謀略で揉《も》まれ抜いて来た丹後の局がどう受け取ったであろうか。

後のことになるが、結局大姫は病気が重くなって翌々年にはなくなった。そのかわりにと思った次女のことも実現しないうちに頼朝は死んで、この話は不調に終った。そして兼実は失脚し源通親全盛の世が来るのである。だからこそ兼実の弟慈円は、頼朝の死を「思いもよらぬあさましいこと」と嘆いたのであった。

天王寺詣での乗船

それは後のこととして、政子と娘たちは京都滞在中に、公式ではなく密々に清水《きよみず》寺《でら》以下の霊地を巡拝して歩いた。そして五月には大阪の天王寺に参詣することになった。鳥羽《とば》まで車で、そこから船に乗ることにしたが、その乗船は丹後の局のものを借用した。はじめ一条能保夫人の船で夫人と同道する約束だったが、一条夫人が途中の荘園住民の労役を徴発する計画と聞いて、それでは仏寺参詣に似合わないとそれを断わり、かわりに丹後の局の船を使うことにした、という。妹よりも局を重んじるというほどの仲になっていた。局の手腕であろう。

四ヵ月近くも都に滞在して、六月二十五日に都を離れた。同勢は上洛のときと同じだが、そのほか畿内・西国の主立った武士が多く行列に従った。途中の美濃《みの》

政子の妹が危篤

国青墓《あおはか》の駅で、政子の妹である稲毛《いなげ》重成《しげなり》の妻の危篤の報が届いた。重成は馬を賜わり急いで国に馳せ帰った。この馬は三日間で武蔵国に走り着いたので、「三日《みか》黒《ぐろ》」と名付けられたという。

七月八日に鎌倉に帰ったが、政子の妹はすでに他界。重成は悲しみにたえず世をはかなんで出家し、政子も喪に服して比企能員の家にうつり、その間に稲毛の妻の仏事を行ない、一月あまりで帰宅した。神事を慎しんで本宅を離れていたわけである。

大姫危篤

大姫はこの年の十月の半ばに、また病気が重くなった。「寝食例ニソムキ、身心常ニ非ズ」というのだから、どうしても神経症であり、いわば欝病といったところだろう。護念上人という聖《ひじり》に祈禱を頼んだところ、厳重な法式で祈禱して本復したので、頼朝は喜んで、一庄を上人の不動堂に寄進しようとしたが、上人は思う所ありとしてそれを断わった。

大姫の死

しかしこの本復も一時のことであったと見えて、前にも書いたように、「コノ年（建久八年）ノ七月十四日ニ京へ参ラスベシト聞エシ頼朝ガムスメ、久クワヅライテウセニケリ」と『愚管抄』にあるように（『吾妻鏡』は建久七年から同九年まで欠けている）二十歳（または十九歳）をもって大姫は生を終った。

政子の悲しみははげしかった。四年前にその兆《きざ》しがはじまったとした政子の悲境が、まずここに現実となって来た。『承久記』に、このとき政子は自分も娘と同じ死の道を、と思いつめたが、頼朝にそのようなことは故人の後生《ごしょう》に悪いと諫められて思い止まった、とある。

しかし政子の不幸はこれで止まったわけではない。これを前触れとして、まだまだつづいて押し寄せて来る。

五　頼朝の死

兼実の失脚

頼朝が二度目の上洛をした翌年、建久七年(一一九六)に京都では政変が起った。まず関白藤原(九条)兼実の失脚である。兼実は前に長く不遇であったが、平家滅亡後に、義義経に対して頼朝追討の院宣を下すことに不賛成であったというあたりから、鎌倉の頼朝に好意を持たれて親密の間になった。そして文治二年に摂政・氏の長者となり、その後娘の任子が後鳥羽天皇の女御となった。建久二年には頼朝の妹聟の一条能保の娘が、兼実の息子の良経《よしつね》と結婚して、両者は縁戚の間になっ

九条兼実像（御物，摂関影）

た。そしてこのころから京都の一切は、鎌倉をうしろだてとするこの兼実の思うままになっていた。

この兼実が建久七年の十一月に関白を止められ、娘の宜秋門院は宮中から下り、さらに弟の天台座主《ざす》慈円も地位を追われ、子の良経も籠居《ろうきょ》するという破目に陥《おちい》ってしまった。このことはただ宜秋門院が生んだ子が女子であったからという理由だけではあるまい。反対派の源通親(村上源氏)と丹後の局(故後白河法皇の寵姫)との綿密で執拗な策略によるものであろう。平氏の時代から兼実と反対側の派閥に属していた通親は、後鳥羽天皇の乳母である藤原範子《はんし》を妻とし、範子と前夫との間の娘在子を自分の養女として後鳥羽天皇の女御に出した。兼実の娘宜秋門院が皇女を生んだ直後に在子(承明門院)は皇子(後の土御門天皇)を生んだ。

これを好機として通親と丹後の局は各方面に暗躍し、天皇・兼実・頼朝の三者の間を中傷離間して廻った。具体的な事例は知り得ないが、兼実の邸に出入りするものは頼朝の怒りを買うべしなどとの逆宣伝も、彼らが発したものといわれている。

大姫入内という風説も、兼実を陥《おとし》いれる好い口実になったと思われる。通親は兼実の流罪《るざい》さえ奏請したということである。大姫が病死したのち『愚管抄』によると、頼朝は京都の事情を聞き知ったので次女の三幡を連れて上洛しようとした。通親はこれを阻止しようとして盛んに頼朝を中傷した。建久八年(一一九七)の十月には一条能保が死んだ。翌年正月には後鳥羽天皇が位を土御門天皇に譲った。源通親は外祖父の地位に立つことになる。そして能保の跡をついだ高能も九月になくなってしまった。

頼朝三度目の上洛を期す

京都の情勢は全く頼朝にとって不利になってしまった。この上は頼朝が多数の武士を率いて、もう一度上洛し、その圧力で反対派を一掃するしかなかろう。九条兼実も僧慈円もそれを待ち望んでいた。ところが頼朝は建久九年の暮に発病し

思いもよらぬあさましき事

て翌建久十年（二九九、四月に正治と改元）の一月十三日に死んだ。

『愚管抄』は、「カカル程ニ人思ヒヨラヌホドノ事ニテ、アサマシキ事出キヌ。同十年正月ニ関東将軍所労《しょろう》不快トカヤホノカニ云シ程ニ、ヤガテ正月十一日出家シテ、同十三日ニウセケリト、十五―六日ヨリ聞エタチニキ。夢カ現《うつつ》カト人思タリキ。今年必《かならず》シヅカニノボリテ世ノ事沙汰セント思ヒタリケリ、萬《よろず》ノ事存ノ外ニ候ナドゾ、九条殿（実兼）ヘト申ツカハシケル。」とある。今年は必ず、ゆっくりと京都に落着いて政界の異常を処理してもらおうと待望していたのであった。だから、思いもかけない情ないことになってしまったと嘆いている。歌人藤原定家の『明月記』も、「朝家ノ大事何事カ之ニ過ギンヤ、怖畏《ふい》逼迫《ひっぱく》ノ世カ」とこの急死による衝撃を述べている。

この年は『吾妻鏡』の記事が欠けているから、病死の詳しい事情は判らないが、幸い十三年後の建暦《けんりゃく》二年二月二十八日の同書にこの頼朝の死を記した箇所がある。

それはこの年に相模《さがみ》川の橋が朽ちたので、修理のことを北条義時・大江広元・善《ぜん》信《しん》（三善康信）などが相談したとき、一同の意見は「この橋を重成法師（稲毛重成）が新造して妻の供養にしたとき、故将軍が参列してその帰路に落馬し、それから間もなく薨じた。重成法師も後に殺された（畠山重忠の事件のため）。だからこの橋は不吉だから、再建しなくても差支えない。」ときまったというのである。（橋は将軍実朝の意見によって修理することになった。）

源頼朝肖像（京都・神護寺所蔵）

だから頼朝は建久九年の暮に相模川の橋供養の帰りに落馬したのが原因で発病したものだった。大姫や次女の病

死因は脳出血か

弱も日ごろ心労の種だったろう。そして頼朝の頭の大きかったことや、その肖像画の体格からみて死因を脳出血とする富士川游氏の診断が当っているように思う。

時に頼朝五十三歳、政子は十歳下の四十三歳だった。政子のもっとも恐れていたことに遭遇したのだった。頼朝の妻として二十余年、その率直な性格からひたむきの愛情を傾け、そしてその間に急変した境遇の進展と所帯の拡大にも主婦として誠実に力をつくして来た。今この急死にあたって政子の悲嘆は限りなかった。前にあげた『承久記』の政子の述懐の言葉に「大姫の死にあって同じ道を自分も進もうとしたが、頼朝に制せられ、その言葉に慰めを得たというのではなかったが、ただ日を送ってしまった。そこへ頼朝の死にあって、この時こそ自分も最期だと思いつめた。しかし頼家はまだ幼い。頼朝に別れただけでも子供の身が不安であるのに、自分もあとを追ったら、一度に二人の親を失なうことになると思うと痛ましい。自分として子供たちを見棄てることはできなかった。」というような感慨を述べている。異本も多く、この記事をそのまま信じるわけにはいかないが、内容はさもありそうな政子の心事である。

怨霊のたたり

この頼朝の死について、何分急死であったために変死の噂が立てられた。そのまとまったものとしては南北朝時代の書『保暦間記』に、橋供養の帰りにやまとが原という所で、滅ぼされた義広《よしひろ》や義経や行家の亡霊が現われて頼朝と目を合わせた。そこを過ぎてから稲村が崎に十歳ばかりの童子が、我は安徳天皇なりとて出て来た。「ソノ後鎌倉へ入リ給ヒテ則チ病ミツキ給ヒケリ。次ノ年ノ正治元年正月十三日ツイニ失セ給ヒヌ。五十三ニゾ成リ給フ。コレヲ病死トイフベカラズ。ヒトヘニ平家ソノホカ多クノ人ヲ失ヒ、或イハ親族ラヲ滅ボシ、怨霊因果歴然ノセメナリ。」とあって怨霊のたたりとしてある。霊というのは当人しか見られないはずだから、これは実説というよりやはりこの書の著者が武士の殺生をいましめるための教訓にしたと考えるべきであろう。一つには頼朝のもっていた古代政権と武家政権との緩衝地帯という役割を期待していた当時の公卿中の知識人が、それを急に失なったことのショックから、揣摩《しま》臆測《おくそく》が生れたことは充分考えられる。その一つの現れがこの怨霊説であって、また時代が下るにつれて他殺説も生まれ、そして政子さえその死因に絡《から》まって来ることにもなるのだが、それはここでは触れない。

これで頼朝の妻としての政子の生活は終り、あとに十八歳の頼家と十五歳の乙姫と八歳の実朝とをかかえた政子の、母としての生活が始まるのである。

第二　頼家・実朝の母として

一　乙姫の死

夫に先立たれて悲しみのうちに長男頼家の家督相続をむかえた政子にとって、まず何よりも大事な仕事は、頼朝の法事と次女三幡の病気治療だった。十八歳の将軍頼家では、やはり政子の目からは「いまだおさなくて、世の政《まつりごと》にも不勘《ふかん》にして」（『承久兵乱記』）心もとないのであったが、北条時政・義時の父子と、大江広元・三善《みよし》康信《やすのぶ》という顧問があり、また頼家の岳父比企《ひき》能員もいる。政治向きのことはそれらに任せよう。

政子は改めて頼家に、今あげた人々と更に加えて三浦義澄《よしずみ》・八田《はった》知家《ともいえ》・和田義盛・安達《あだち》盛長・足立遠元・梶原景時・藤原行政・中原親能ら十三人と相談して訴訟事件を裁決するように、独断で決めたり、これら以外のものに訴訟を取り上げさせたりしないようにと申し渡した。

こうして、政治向きのことは主立った親戚や法律の専門家や宿将らに一任して、政子の専心すべきことは、やはり家内的《ドメスティック》な問題が主であった。

乙姫の発病

亡夫の四十九日の仏事を三月二日に執り行なったが、そのころから、次女の三幡が病気になってしまった。五日には高熱を発して、危篤におちいった。政子は驚いて鎌倉中の寺や神社に祈ったが、病状は進んでだんだん痩せ衰えていった。京都の針の名医時長《ときなが》を呼ぼうとしたが、なかなか来てくれない。十二日には急使を発して、「なお故障を言い立てるなら上皇（後鳥羽）に申し上げる。」と強硬な申し入れをした。

五月六日に医師時長が到着した。これは後鳥羽法皇の院宣が下ったのでようやく実現したのだった。乙姫の乳母の夫中原親能《ちかよし》の留守宅に入ったが、もっと近い所の方が治療に便利なので畠山重忠の南御門の宅に移った。北条・三浦・八田・梶原などがこの医師の饗応役をつとめ大いに厚遇した。時長は朱砂《しゅさ》丸《がん》という薬を姫に服用させた。そのしるしあってか、五月の末には乙姫は食事が少しとれるようになって、上下とも大喜びした。しかしそれも一時で、六月の半ばには疲労が進み、しかも目の上が腫《は》れて来た。時長もこれには驚き、これは悪化の兆であって今となっては人力の及ぶところでない、とサジを投げた。

姫を養育した中原親能は急いで京都から駆けつけて来た。親能は一条能保父子や頼朝の亡きあとの京都の紛争を処理するために上京していたのだった。そして親能の到着を待っていた時長は二十六日に引きあげた。

六月三十日に三幡は息を引きとった。前に書いたように『吾妻鏡』に十四歳とあるのはうなずけない。十五歳か十七歳だったろうと思う。母として政子の嘆き

娘二人を失なう

はいうまでもない。同じ年に夫と愛児とを亡くしてしまった。ことに女親として娘を二人ともつづけて先立たせたことは、寂しい限りであろうと同情にたえない。

中原親能は出家し、その住地に姫を葬った。京都の後鳥羽上皇は使を下して弔問した。

上皇の命によって医師の丹波時長が治療に下ったことや、その死をわざわざ弔ったことは、『尊卑分脈』に次女が「女御ノ宣旨ヲ蒙ル」と記してあるのを裏書するものとする説がある。入内《じゅだい》が確定していたかどうかは判らないが、頼朝の生前に内々にはその話があったと考えていいだろう。

二　頼家の行状

頼朝・大姫・三幡と相ついでの不幸は、政子を悲涙に沈ませたことはいうまでもないが、長男頼家にも大きな衝撃を与えたと思われる。感じやすい年配ではあり、自身も病弱である。まだ将軍宣下はないが、左中将としてすでに武家最高の地位についている。父と違って、労せずして得た地位である。勢い、将来の大成を望もうより、現在の生活の享楽に不安の心を満たそうとした。

頼家に煙たい宿将たち

そうなると何より圧迫を感じて苦痛であるのは、父の代からの宿将・重臣らの存在であった。母の縁類である北条氏より自分の妻の縁から比企の一族を重くみたいし、自分の気にかなう若侍たちを重用したい。十三人の重臣と相談することになっていたが、頼家は自分の気に入りの小笠原・比企・細野・和田・中野の五人をえらんで側近の臣とした。「この五人の従類が鎌倉で狼藉を働いても敵対してはならないし、もし敵対すれば罪科に処する。しかもこの五人のほかは特別の場合を除いて将軍に面接はならない。」という非常識な命令を下した。そして安達《あだち》景盛《かげもり》の妾に目をつけて、渋る景盛を三河国に遣わし、その不在の間に中野能成《よしなり》に命じ、その妾を奪って来て小笠原長経《ながつね》の宅に閉じ込め、機をみて頼家の邸の北向

頼家、安達の妾を奪う

きに呼び寄せた。この所へは例の五人のほかは参ずることを禁じた。

このようにして八月十五日の鶴ヶ岡の祭にも頼家は列席せず(妹の喪中でもあったが)、一ヵ月近くを過ぎたころ、安達景盛が三河から帰って来た。「安達が怨み憤っている」と言いつけ口をするものがあったので、頼家は、腹心の小笠原以下を集めて景盛をいっそ討ってしまおうとした。鎌倉中の大騒動になった。

こうなっては母の政子が乗り出さないわけには行かない。主命をもって家臣に出張を命じ、その留守にその愛人を奪い取り、しかも帰って来た家臣を討とうとする。いつの時代であってもこのような暴君の所業は世の非難を集めることになる。政子は棄てておかれないので、安達の邸に急行し、そこから工藤行光《ゆきみつ》を使として頼家に申し入れをした。

政子の訓誡

「父上頼朝が死んで幾ほどもなく姫も若死した。この重ねての悲しみの中で闘争を好むとは乱世のもとにもなろう。とりわけ景盛は、その功労で父上もことに情をかけていたものである。それに罪科があるというなら、私が取り調べにあたろう。ろくに調べもしないで殺害するようなことがあれば、きっとあとで後悔することになろう。それでも、なお追討しようというなら、かれより先に私がその矢にあたりたい。」

と言い切った。これで頼家はしぶしぶ軍を発するのを思い止まった。しかしこの暴挙を伝え聞いて、武士たちは鎌倉中に集まって動揺し、人々は恐怖におそわれた。

この人心の動揺を押えようとしたのだろう。大江広元は「このような事は先例がなくはない。鳥羽法皇は源仲宗《なかむね》の妻である祇園《ぎおん》の女御を寵愛して、仲宗を隠岐《おき》の国に配流《はいる》したことがある。」と頼家の所業を弁解した。宮廷にはそのようなこともあったろうが、これから武士の統制を固めていこうとする過程なのだから、広元の強弁も御家人を納得させることになろうはずはなかった。

政子はその日は安達の宅に泊り、翌日景盛を呼んで、「昨日は自分の計らいで一応頼家の乱行を止めさせたが、自分も年老いた身で今後に禍根が残った場合にそれを収めることが難しい。だからこの際、お前に謀叛の野心がないということを起請文《きしようもん》に認《したた》めて頼家に差し出した方がよかろう。」とすすめ、その起請文を持って政子は帰り、改めて頼家に訓戒した。

再び訓誡

「昨日、安達景盛を殺そうとしたことは、軽率であり又はなはだしい不義である。およそ近ごろの有様をみると、とうてい国内の守りの任務をもつものとは思われない。政道にあき民の憂いを忘れ、遊楽にふけって人の非難を顧みないためである。また側近に仕えるものは賢哲のものでなくて邪佞《じやねい》のやからである。源氏の人々は頼朝公の一族であり、北条のものたちは自分の親戚である。それで先公はそれらを信頼して側近くに用いていたのである。ところが今は、それらには恩賞を与えないどころか、実名を呼びすてにするほど軽視しているから、親族のものたちは恨みに思っていると聞いている。何事によらず深く心をつけ気を配っていなくては主と言えない。それがりっぱにできて初めて末代までも世の乱れが起らないのだ。」

と言葉をつくして諭した。

政子は心をこめて苦言を呈したのであったが、どうもあまり効果はなかったようだ。この政子の言葉からもうかがえるように、頼家にとっては一族や北条一家たちがうとましかったのであろう。多分それらの武弁《ぶべん》の地方育ちらしい武骨さが気に入らなかったのではなかろうか。何かと言えば挙兵いらいの勲功をひけらかす宿将らの圧力に、若い頼家は反抗したかった。だから新しく若手の武士の中から、頼家の行動に追随するものを選んで重用したくなる。

このようなことから鎌倉では紛争がつぎつぎに起った。その大きなものは、才智をもって頼朝に寵愛された梶原景時に対して、和田・三浦・千葉・畠山という

六十六名連判の梶原弾劾

阿波局の告言

ような草創いらいの武将の排斥運動となって爆発した。六十六名の連名であった。

事の起りは、正治元年の十月に、頼朝の近習であった結城《ゆうき》朝光《ともみつ》が亡君のために朋輩《ほうばい》に勧めて一万返の念仏供養を行なったが、その席で朝光は、「忠臣は二君に仕えないものというのに、自分は亡君の遺言があったために出家遁世ができなかったことを残念に思っている。その上、今の世上の乱れを見ると薄氷を踏むように心配である。」と述懐した。それを梶原景時が聞いて、「忠臣は二君に仕えずなどと言って今の政治を非謗するのは現君に敵対するものだから、見せしめのために斬罪にすべし。」と頼家に向って讒言したというのである。この景時の讒訴を朝光に伝えたのは政子の妹にあたる阿波《あわ》の局で、阿野全成《あのぜんじょう》の妻であり、また実朝の乳母でもある。全成（頼朝の弟、今若）はこの事件の四年後の建仁三年五月に謀叛の噂があって流罪になるが、そのとき、この阿波の局は政子の弁護のおかげで、縁座《えんざ》をまぬかれた。そのような阿波の局であってみれば、この景時に関する告言に何か目的があったとも想像される。しかしその事実はともかくとして、景時がこれまでも頼朝の寵を頼んで何人かを讒訴して葬り去り、また新しい将軍になっても同様な立場をつづけていることが判る。ことに和田義盛の服喪《ふくも》につけこんで侍所の別当の職を取り上げて自分がそれに任じ、喪が明けても戻さないというような横車も押していた。

和田義盛、広元をしかる

武将一同の景時弾劾の連判となっては、いかな景時でも太刀打ちできない。ただ大江広元が事の重大さを恐れてこの訴状を十日以上も握りつぶして将軍に提出しないでいた。和田義盛がこれを知って広元を叱りつけて催促したので、広元も止むを得ず頼家に示した。この訴状は中原仲業《なかなり》の筆で、景時の罪状をあげてかれを狸《たぬき》・犲《やまいぬ》にたとえてあった。それに対して景時は弁明も陳謝もしないで、一族を引き連れて所領の相模の国一の宮に引き籠った。つづいて景時は追放と決まり、一の宮の邸もこわされた。景時は一時は京都に上ろうとしたようだが、正治二年の正月に駿河の国で一族とともに滅んだ。

この騒動の起りは政子の妹の報告から始まったのであったが、頼朝の一番の気に入りだったこの梶原一族の滅亡にあたって、景高の妻をかばって処分しなかったこと以外に政子は何にも意志表示を行なっていない。侍所の長官梶原景時を追放するのに、主立った武将がこぞって署名加判（朝光の兄小山宗政《おやまむねまさ》は加判しなかった）したり、政所の長官大江広元がおどかされたりというのだから、鎌倉始まって以来の大異変であった。それについて政子が全く傍観していたというのは、多分この梶原排撃に同意していたためと思われる。安達景盛を頼家に讒したのも梶原であったらしいから、政子はこの才物が若い将軍をあやまることを惧《おそ》れていたのだろう。そればかりでなく、頼朝生前からも、梶原の性格や行動にあき足りないものを感じていたのかも知れない。

都育ちのものや文筆・口舌にたくみなものを頼朝は好んで重く用いた。頼朝としては粗野な鎌倉の気風を多少でも潤色《じゅんしょく》することを望んだのであろうが、政子からみれば、それによって純朴な武人の間に汚染《おせん》の生ずることを、より以上に恐れたのだったろう。ことに息子の頼家にとかく享楽の風の見え始めたときである。梶原のような気転のきくソツのない人がらは、あまり若い将軍の側近につけたくなかったと思う。

頼家が蹴鞠《けまり》にふけったことはよく知られている。ことに建仁元年(一二〇一)に京都の後鳥羽上皇に頼んで鞠の名手である行景《ゆきかげ》というものを呼んでからは、連日のように気に入りの側近を集めて鞠の会をつづけた。

この年は地震があり暴風がおそい、諸国は飢饉に悩んだ。北条泰時はまだ二十歳前の青年であったが、伊豆の北条に急いで馳けつけたことがあった。それはこの地方の農民が春からの災害つづきで飢にたえず、出挙米《すいこまい》の貸出しを受けたが、また秋の暴風のため返済ができずに逃亡するという話を聞いたからだった。伊豆へ着いた泰時は、数十人の窮民を集めてその面前で負債の証文を焼き棄て、豊作になっても返す必要なしと宣し、おまけに用意してあった酒や米を分け与えた。

この泰時が一つ年長の頼家（この年二十歳）の遊楽に黙っていられなかったと見えて、諫言した。中野重成を通じて。

一つ違いの北条泰時

「蹴鞠は幽玄の芸であるから、それを賞翫することは結構だ。しかし、八月の大風のために鶴ヶ岡の門が倒れ、諸国が飢饉に悩んでいるときである。このときにわざわざ京都から芸人を呼んで連日の鞠《まり》遊びである。しかも一昨日は月星の如きものが天から降るという変異があった。頼朝公も天変のあったときは海浜に行くことを慎んで、世の無事を祈禱した。最近の変異のことを係りのものに調べさせることが先ではないか。今のやり方は納得できない。お前のような側近のものがどうして将軍を諫めないのか。」と。

泰時の伯母にあたる政子が、この頼家の道楽を案じないはずはなかった。翌建仁二年の正月に一族の長老新田義重《にったよししげ》が死んだにもかかわらず、頼家はその十数日後に亀ヶ谷《かめがやつ》の中原親能《ちかよし》の宅での蹴鞠の遊びに行こうとした。政子はたまりかねて、「新田入道行西《ぎょうさい》は源家の宿老であり武家の柱石である。その人が去る十四日に卒去してまだ二十日も過ぎないのに、遊興に出かけるとは何事か。人の謗《そし》りを受けるのは当然である。いけない。」と止めた。頼家は、「蹴鞠と物忌みとは関係がない。」とさからったが、とうとう母に押えられてしまった。

しかし頼家の鞠遊びはその後も連日続けられた。あるとき(その年の三月八日)柳の名木を他所から移し植えさせた自邸の庭で鞠を楽しんだあとで、比企能員の邸に花見に行った。ところがここに都から下って来た微妙《びみょう》という舞姫がいて、歌や舞で宴席を賑わした。頼家は大へん感心したところが、比企能員は、この女の訴えごとを直接聞いてやってくれという。事情を聞くと、この女の父為成《ためなり》は人の讒言によって禁獄されていたが、そのうちに奥州に追放される中に入れられ、母は

政子、微妙を呼ぶ

悲しんで死に、七歳の自分がただ独り残された。今になっても父恋しさにたえられず、存否を知りたいために慣れない旅をして東国までたどりついた、というのである。頼家は早速に使を奥州に出して調べさせようと約束し、その夜は遅くまで酒を酌み夜明け方に帰った。数日後に頼家がまた一日中蹴鞠を遊んだあとへ政子が訪ねて来て、その話を聞いて微妙を呼んだ。その芸のすぐれていることと父を思う志に感じて、政子は奥州の使の戻るまでこの女を自分のそばに置くことにして連れ帰った。何ヵ月もたって奥州へ出した使は帰って来たが、父はすでに没後という。微妙は気も絶え入るほど泣き悲しんだ末に、栄西《ようさい》について出家した。政子は哀れに思って深沢《ふかざわ》の里に住居を与え、常々は政子の持仏堂に参るように申しつけた。この微妙は古郡保忠《ここおりやすただ》と結婚の約束があったのだったが、その甲州へ行った留守中にこのような事になった。その月の末に保忠は甲州から帰りついてこれを聞き、憤りのあまり落飾《らくしょく》を行なった栄西の従僧を打擲《ちょうちゃく》した。政子は、僧侶が除髪授戒を行なうのは仏法として当然のことであるのに、この保忠の仕業《しわざ》は理《り》不尽《ふじん》奇怪であるとしてこれを罰した。

乱暴な武士の間では政子はなんといっても良識人であったから、この種の処置は多く政子を煩わしたものだったろう。

政子、蹴鞠を観る

頼家の蹴鞠についても、政子はただ禁じたり押えたりしただけではなかった。昭和の戦後派の政治家がゴルフに熱中するのにも似て、頼家の蹴鞠が武士の趣味を向上させるのには、せめて役立つものと認めたのであろう。建仁二年の六月二十五日に、政子は「連日の鞠の会があるが、まだ京都から来た行景以下の名人の芸を見たことがない。千載一遇の好機だから」といって見物に行った。息子の執《しゅう》心《しん》ぶりに理解ある態度を示したわけである。

頼家は思いがけず母の参観を得て大喜びだった。ところがこの日は夕立が降って来た。やがて晴れはしたが、樹の下などに雨水がさかんに流れて具合が悪い。

鼓判官の機転

そこで都から来た壱岐《いき》判官知康《ともやす》(後白河法皇の近臣で鼓(つづみ)判官と呼ばれたもの)が、当座の機転で直垂《ひたたれ》などを脱いでこの水を掬《すく》い取ったので、一同は感心した。午後四時ごろから、頼家以下がかわるがわる鞠を蹴って政子に見せた。

政子、知康の冗談を怒る

前に書いた舞姫の微妙がまだ出家する前だったので夜になってから微妙が呼ばれて舞を舞うなどして酒盛になった。知康が鼓を打った。宴たけなわになったとき、知康は進み出て銚子をとり、北条五郎時連《ときつら》にすすめたが、酒に酔って知康は、「北条五郎は顔かたちの様子は抜群であるのに名前が下劣だ。時連の連の字は銭を貫き通す連か、又は紀貫之のツラにあやかりたいのか、どちらもいけない。早く改名するように将軍から申しつけなさい。」と冗談《じょうだん》のつもりで強《し》いた。時連は仕方なく改名しようと約束した。

つまらない酒席の戯れであったが、それを見聞きしていた政子の疳《かん》にさわった。まさか、二十年前に木曾義仲から、「そもそも和殿《わどの》を鼓判官といふは、萬《よろず》の人に打たれたうか、はられたうか」（『平家物語』）とからかわれた仕返しを知康が考えついたわけではあるまい。酒宴の座興を添えるつもりでシャレを言って、大いに座を取り持ったつもりだったのだろう。しかし社交の場などに慣れない政子には、シャレは通用しない。翌日帰宅してから、

「昨日は面白いことではあったが、知康の人もなげなる振舞いは不都合である。昔、義仲が法住寺殿を襲って大騒動を起したのは、その起りは知康の悪だくみからだったたし、その後、義経に同意して関東を滅ぼそうとしたので頼朝公は大へん憤って知康を免官し追放するように院に申し上げたくらいである。それであるのに今頼家は、彼の旧悪を許して親しく近づけているのは、故人の本意にそむくものだ。」と怒った。

しかし頼家はなお知康を親しく仕えさせたし、鞠師行景がしきりに政子に取りなしたりしてどうやら政子の機嫌は直った。

三　頼家の末路

頼家、征夷大将軍となる

この年建仁二年(一二〇二)の七月二十二日に頼家は従二位に叙し、征夷大将軍に補せられた。そして翌年の秋にはもう弟の実朝とかわってしまうのだが、この頼家が武家の棟梁としてまた鎌倉の政治家として全然不適格であったかどうかは、にわかには断定できない。しかし、前に書いたように石橋山以来の宿将たちや北条一族の圧力を感じて、それに抵抗するために新しい側近や都下りの下級貴族を集めたことは確かなことである。そして父や姉妹のつづいての死去にあって、かなり享楽にはしった傾きもある。それに病弱でもあった。

であるから、将軍として適格であるとは、言えなかろう。そこに政子の心労の種があった。政治家としての彼の態度は次の二つの事例がよく挙げられている。

一つは正治二年の陸奥《むつ》国葛岡郡新熊野《いまくまの》社の領地の訴訟があったとき、訴人の希

境界図面に線を引く

望した惣地頭畠山重忠が裁決を辞退したため、頼家が自分で筆をとってその境の地図の中央に線を引いて、それを判決とした。「その結果土地の広狭が生じるのはそれぞれの運しだいである、今後土地の争い事は一々実地を検分する手数を省いてこのように決める。」というのである。十九歳のときのことであった。

広過ぎる田地を取り上げようとする

もう一つは、同じ年の暮に、政所《まんどころ》に命じて諸国の田文《たぶみ》（田地の台帳）を集めさせ、その中で治承・養和以後の新しく賜わった土地で五百町以上に達するものは、その超過分を取り上げて近臣で所領を持たないものに分け与えようとしたことである。大江広元・三善康信などの切諫《せっかん》でようやく取り止めたが、このことを『吾妻鏡』は、「スデニ珍事ナリ、人ノ愁《うれ》ヒ、世ノ謗《そし》リ、何事カコレニシカンヤ。」と驚いて記している。

この二つの例ともに、いかにも青年の客気にまかせての無鉄砲というところである。後者は一つの財産再分配と言えなくもないが、分け与える先が近臣ではスジが通るまい。やはり宿老の権力に抗しようとした一つの現われであろう。

暴逆の政治とまでは言えまいが、当時の常識を破ったこれらの処置を『吾妻鏡』がのせ、更に、前述のように私行の上でも非難に値する記事を並べていることを、北条氏がこの頼家の不行跡を発表して何かタメにしようとしたのではないか、と想像する見方もある。しかし、その数年後の北条時政の不始末の記事も隠さずにのせてあることだし、前後の文章からみてさして作為があるとは思われない。

慈円の頼家評

フカンとフカク

慈円も梶原景時の滅亡という事件は頼家の「不覚」から起った、として統率の材ではなかったように書いている。政子の目からは「不堪《ふかん》」(『承久兵乱記』)であり、慈円に言わせれば「不覚《ふかく》」であって、要するに若年のため思慮の足りない言動が多かったことは、事実であろう。

そして京都では権力者の土御門通親が急死して、その一派が退けられ、後鳥羽上皇が独裁を行ない、その寵に乗じて典侍《てんじ》の藤原兼子(『明月記』によれば政子より二歳年長)が権をふるうというような変化が起っていた。ちょうど同じころ、鎌倉では大騒動が始まった。

それは建仁三年(一二〇三)に阿野全成(義経の兄)が謀叛の疑いで常陸の国に流された直後のことだった。六月一日に頼家は伊豆から駿河にかけての狩に出発した。伊豆の伊東崎の山中に大きな洞穴があるのを、頼家は探ってみたくて和田胤長《たねなが》を行かせたところが穴の奥は数十里、まっ暗の中に大蛇がいて胤長を呑もうとしたので、これを切り殺して帰って来た。ところが、三日には富士の裾野の狩倉でまた大きな人穴を見付け、これも見届けたくて頼家は、仁田《にった》忠常《ただつね》に剣を与えて入らせた。一昼夜たって忠常は帰って来たが、その穴は狭くて後もどりができず、蝙蝠《こおもり》が沢山飛んで顔にあたる。その先は大河になって大浪がさかまいており、渡ることもできないでいると怪しい火が光り輝いて、たちまち家来が四人死んだ。忠常は頼家からもらった刀を河に投げ入れてようやく帰りついた、という。古老はこれを浅間《せんげん》大菩薩の在所であって昔から誰も見たもののない恐ろしい所だ、と語った。

そのような青年らしい探索心を発揮して、頼家は鎌倉に帰って来たが、それから一ヵ月あまり、八幡宮の鳩がしきりに変死するかと思うと、頼家は急に不思議な病気に取りつかれて祈禱も治療もきき目がない。占いによれば、人穴の神霊の祟りだという。七月二十日に発病して八月・九月と病気は進むばかりだった。

そこで頼家の跡目の相談があり、十二歳の千幡（実朝）に関西三十八ヵ国の地頭職を譲り、頼家の長子である六歳の一幡に関東二十八ヵ国の地頭職と惣守護職を譲ることにした。

これを決めたのは八月二十七日だった。一幡の母若狭《わかさ》の局の父は比企能員である。能員は、このように半分を実朝に分けることに不満だった。地方の御家人武士もぞくぞく鎌倉に集まって来て、この将軍の親族間の紛議を聞き、関東の興廃はこの時にかかると騒ぎ合った。

九月二日になって、比企能員は娘の若狭の局を通じて頼家に申し入れた。

「あとつぎ以外のものに地頭職を分けるのは争いのもとになる。一方は将軍の子、一方は将軍の弟であるから一見したところは円満な解決に思われようが、実は北条時政の一族が一幡から家督を奪おうとしていることは疑いない。北条を討たなくてはいけない。」と。頼家は驚いて病床に岳父の能員を呼び寄せてなお談合した末、北条追討のことを決した。

政子の盗み聞き

ところが、この相談を障子を隔てて政子が聞いてしまった。息子と孫との問題ではあるが、黒幕は他人の比企能員である。比企と父の時政とを較べれば時政の方が大切であることは言うまでもない。政子は、聞き知った密談の大略を走り書に記して名越《なごえ》に帰ろうとする時政の所へ侍女を走らせた。道で時政はこの使に出会って書面を見た。驚いて涙を流したが、思案した末にまず大江広元の邸に行き、

「能員は近年威光をふるって諸人を蔑《ないがし》ろにしていることは世間で認めるところ

である。将軍の病中をねらって将軍の命と称して反逆を企てていることを、いま確聞した。この上は先んじて討つべきであろう。」と広元の了解をえて、天野遠景（入道蓮景）・仁田忠常に命じて能員を追討させることにした。遠景は「老翁一人を討つのに軍兵の必要なし。邸に呼び寄せて殺してしまおう。」と進言して、時政の名越の邸に呼ぶことにした。政子や栄西を招いて仏像の供養をするから、という名目である。

能員の来る前に、もう一度大江広元を招いたので、広元は、今朝相談はすんだのに、また呼び出されるとは自分も殺されるのではないか、と疑ったという。物情騒然とした当時の空気が察せられる。時政と広元はそこでかなり長い間話し合った。多分比企一族だけでなく一幡の処分も、またひいては頼家の処置さえ相談したのであろうと考えられる。

比企能員は手もなく殺された。召使いが走り帰ってこの事を告げたので比企の一族は、小御所《こごしょ》の一幡の邸に立てこもった。政子は、御家人を動員してこれを攻めさせ、比企一族は一幡とともに滅び去った。翌々日には、小笠原・中野・細野などという頼家の気に入りの近臣も、能員と親しかったという理由で禁錮に処せられた（のちに流罪になる）。

そのころ頼家は危篤を脱して、どうやら命を保っていたが、一幡や能員が討たれたと聞いて憤りにたえず、ひそかに和田義盛・仁田忠常のところに堀親家《ちかいえ》を使いにやって、時政を討つように命じた。和田義盛は考えた末にこの書面を北条時政に示した。それで時政は堀親家を捕えて殺したので、頼家はいよいよ心を悩ました。仁田忠常の方は、弟たちが先走って騒ぎ立てたので、罪はなかったのに殺されることになってしまった。

病気の頼家は心細いことになった。力と頼んだ舅の比企の一門は滅び、股肱《ここう》の臣は遠ざけられる。怒って命令を出せば出すほど自分に不利の結果を生むことに

政子、頼家の出家を申し渡す

なる。この上は頼りにするところは母の政子しかなくなった。政子は頼家の病身のこと、統率の材ではないこと、周囲の事情がことごとく行きづまってしまったことなどを考え合わせて、ここで頼家を出家させることに心を決した。

九月七日に頼家は母の言葉に従って心ならずも剃髪した。そして将軍職は実朝にかわった。これは鎌倉からすでに頼家が没したと伝わったために、時の朝廷から実朝に対して将軍宣下があったからである。

十二歳の将軍実朝は母の住居（旧頼朝邸）から輿《こし》に乗って、時政の名越《なごえ》の邸にうつった。しかし時政の後妻牧《まき》の方の態度が信用できないので、数日後にまた政子は実朝を連れもどした。まだまだ世の中は安心できない状態である。比企の事件は、時政と能員の争いであったが、その比企家が滅びても、政子にとっては父である北条時政の行動をまだ疑わなくてはならない。

したがって御家人間の不安も消えない。彼らが求めて押し立てた棟梁ではあっ

頼家、修禅寺から手紙を送る

たが、頼朝なきあとの鎌倉の首脳部が安定しなければ御家人間の動揺は静まらない。実朝を征夷大将軍と定めたその日に、御家人の所領は元の如く領掌すべし、という下文《くだしぶみ》を多数発した（時政の名で）。

そして鞠師の行景と壱岐知康とを京都に帰した。頼家は九月の末に伊豆の修禅《しゅぜん》寺《じ》に幽閉されることになった。そこから頼家は政子に手紙を送った。

「ここは深い山の中であって、いかにも退屈でたえられないから、これまで側に召使っていた近習をよこしてもらいたい。それから、安達景盛（その妾を頼家が奪って騒動を起した）を成敗《せいばい》したいからこれもよこしてもらいたい。」ということだった。相談の結果、この願いはともに許すことはできない、となって三浦義村がその返事に修禅寺に向かった。同時に頼家の望む近習の面々は遠流《おんる》に処せられた。

義村の返事は、頼家の望みを聞き入れないというだけでなく、以後手紙を送ることも禁ずるという苛酷なものだった。義村がそれを伝えて帰って来て、頼家の閉居の有様を詳しく政子に報告した。諦めて放棄した頼家のことではあったが、さすがに政子はその哀れな様子を聞いて歎き悲しむのだった。

頼家死す

そして翌年の七月十八日に頼家は修禅寺で死んだ。二十三歳。『吾妻鏡』は「十九日、己卯《きぼう》。酉《とり》ノ尅《とき》、伊豆ノ国ノ飛脚参着ス。昨日(十八日)左《さ》金吾《きんご》禅閤《ぜんこう》年二十三、当国修禅寺ニオイテ薨ジ給フノ由コレヲ申ス。」としているが、

修善寺町の現況(左前方の森の中にみえるのが修禅寺)

『愚管抄』にはかなり惨《むご》たらしく殺されたように書いてある。後に書かれた書ではあるが、『増鏡』・『梅松論』にも殺害されたとあって、どうも前後の様子からも殺害説が有力である。しかし政子がそれを知れば許すはずはなかろうから、北条の中の誰かが、ひそかに暗殺者を差し向けたと思うほかはない。頼家の近臣がまだ地方に隠れていて、これを聞いて謀叛を企てて鎮圧された、とあるから、まだ北条の反対勢力が残っていて動揺がつづいている時、幼年の将軍を頂いている主流派にとって頼家の存在は危険であったのだろう。

源頼家墓（静岡県修善寺町）

長男を失った政子にとっては、残るは若い将軍実朝だけである。その成人と、それとともに武家の棟梁としての適応とを期待するほかはなかった。

四　少年期の実朝

十二歳で将軍になった実朝は、その年の十月八日に元服の式を行ない、翌日政《まん》所始《どころはじめ》を行なった。もちろん少年のことであるから、すべては祖父の北条時政や大江広元が一切を取り計らう。この時から時政を執権と呼ぶようになった。

母ひとり子ひとり

頼家を廃人として伊豆に幽閉した今は、政子としては母ひとり子ひとりの境涯である。五十歳に近い政子はこの数年の不幸つづきにあって、ひたすら神仏に祈った。夫や子供たちの冥福を祈るのだが、やはりいつも忘れられないことは、実朝に対する神仏の加護であったろう。

その年の十二月に鶴ヶ岡で法華《ほっけ》八講が行なわれたときには、政子は密々で廻廊に参じたし、その鶴ヶ岡の塔の建立を政子の命令で止めさせたのは、塔の建立が頼家の病気を誘ったのではないかという恐れからであった。翌年春には逆修《ぎゃくしゅ》を始めたり、幕府の中で天台止観《しかん》の談議を聴聞した。同じ年の暮に奈良から七観音の図絵が届いたので、政子の邸に将軍を呼び、寿福寺の栄西を導師として供養した。このような神仏詣でや供養をつづけての末が、ついに宿願の熊野参詣にまでなるのであった。

鵙で鳥を取る

政子の祈りは半ばは報いられたようである。それは少年時代の実朝に、父頼朝に似た心の細かさが見えたことである。十五歳のころ、鷹使いの名人桜井五郎に鷹の話を聞いたことがあった。そのとき桜井は鵙《もず》で鷹のように鳥を取ることができる、という。実朝は直ぐそれを見たかったが、その場では難《むつか》しいと断わられた。早速翌日、北条義時を呼んで「桜井五郎が鵙で鳥を取るというが、本当かどうか見たいと思う。それともそのようなことは子供だましのつまらないことか。」とたずねた。そして、もし冗談《じょうだん》を言ったのだったら可哀そうだから、なお内々に聞き合わせようということになったが、そこへ桜井が鵙を一羽持って入って来た。大江広元も三善康信もその場に来て、一同でこの鵙を使って雀を三羽取る業《わざ》を見て感心した。実朝は桜井に剣を与えた、という。それからその翌年こんなことがあった。八月十五日の鶴ヶ岡の放生会《ほうじょうえ》に実朝が参宮しようとしたところ、供の者に急に故障が続出して出立が数時間も遅れた。そのために神事にも手違いが起ったので、実朝は工藤行光を呼んで、今後は責任者をきめてこのような不都合なことのないようにと申し付けた。後になって当日の故障の理由を調べたところ、それぞれ喪中とか病気とか申し立てた中で、吾妻助光《あづますけみつ》は晴れの儀式のために用意した鎧《よろい》が鼠に食われてきずついたためだという。実朝は「助光はそれほどの大名ではないが、代々の勇士として列に加えた。鎧を用意したとは新しく造ったことか。警衛のための武士が、晴れの儀式だからといって、身なりを飾るのは筋が違う。昔から伝わっている鎧で充分である。なお一々新しく鎧を作るというのは、頼朝

助光、鷺を生け捕りにす

いらいの倹約の方針に背くことにもなる。今後御家人たちはこのことをよく守るように。」と言って助光の出仕を禁じた。その年の暮に実朝が義時や広元と雪見の宴を張っていると、青鷺《さぎ》が飛びこんで来た。実朝は怪しく思ってこの鳥を射るように命じたが、御所中に射手がいない。そこで吾妻助光が将軍の怒りを受けて謹慎しているのを思い出して使いをやった。助光はあわてて飛んで来て鷺を射た。あたらなかったように見えたのに鳥は庭に落ちた。見ると矢の羽で鷺は目にきずがついて落ちたのだった。助光がわざと生け捕りにしたもので、実朝は大へん喜んで助光を元の如く側近く使うことにしたばかりでなく、剣を褒美に与えた。

小さい逸話であるが、優しい中に将軍としての威厳もあり、政子から見れば頼朝のおもかげが感じられて嬉しいことだったろう。

政子の祈りが半ば報いられた、と書いたが、それは言動の面で政子の願いにかなったということで、健康の点ではあまり思うようではなかった。痢病（炎腸）とか歓楽《かんらく》(病気の忌言葉)のための数日の休養が少年期にたびたび記録されている。少年から青年になろうとする十七歳の春には疱瘡《ほうそう》をわずらった。このときは近国の御家人が鎌倉に集まって来るほどの重態だった。政子がこの年に熊野へ参詣したり、また日向《ひなた》薬師堂に実朝夫人を伴なって参ったのも、実朝の健康を案じてであったろう。

実朝、疱瘡をわずらう

実朝の貴族趣味や文芸好みのことは、よく知られている。それはすでに少年のころからのことだった。実朝の妻には足利義兼《よしかね》の娘をと前々から話があったのに、十三歳の実朝はそれを承知せず、京都から妻を迎えたいと言った。そして前大納言坊門信清《ぼうもんのぶきよ》の息女を迎えることになったのである。信清は後鳥羽上皇の母方の叔父にあたる。そして信清の子の忠清は、時政の後妻牧の方の婿の平賀朝雅《ともまさ》の娘を妻にしている。だから、あるいはこの縁談は政子の意から出たものではなかったかも知れない。政子は義兼の娘(政子の妹の子)を望み、牧の方が坊門信清の息女を選んだのであるかと思われる。

坊門信清の息女と結婚

しかし当の実朝が、貴族の出を好むのでは、やむを得ない。そして牧の方はこの結婚の翌年に畠山騒動を起し、それについで北条時政とともに鎌倉を追われてしまった。

牧の方の陰謀

この事件は政子にとっては重大な場面であって、一つ間違えば実朝が謀殺され、平賀朝雅がそれにかわるというような危機であった。しかし幸いに代々の御家人武士が、後妻の愛に溺れる時政より、理性的な義時の方に心を寄せたので危機をのがれた。父の時政が隠居して弟の義時が執権になったことは、政子にとって安心できる結果だったろう。先妻の孫の畠山重保より後妻の婿の平賀朝雅を重しとするような時政の老耄《ろうもう》ぶりでは、若い実朝をかかえた政子にとってむしろ厄介な存在である。

円満な嫁と姑

政子と実朝夫人との仲は円満であった。いっしょに寺に詣ったり、流鏑馬《やぶさめ》や舞楽を観たりしている記事が、多く見えている。

源実朝木像（京都，大通寺蔵）

実朝が和歌十二首を詠じたのは、結婚の翌年の十四歳のことであって、それから和歌に関する記事が多い。同じ年に京都から『新古今和歌集』が届けられたし、翌年の春には義時の邸で雪見がてらの歌会を開いている。多分夫人やその付添いとして都から下った人たちの影響によるものだろう。同じ年の冬に実朝の気に入りの東重胤《とうしげたね》が国へ帰ってなかなか戻って来ないので、実朝は歌を遣わしてこれを召そうとした。それでも来ないので怒って籠居《ろうきょ》を命じたところ、重胤は嘆いて和歌一首に感慨を述べて義時を通じて御前にささげた。実朝はその歌に感じて重胤を召し、下総の国の冬景色、枯野の眺め、鷹狩、雪の朝などのことを興味深く聞いてこれを許した、という。

十五歳の実朝

十五歳のことであった。初めは夫人などの勧めによったものではあっても、生得《しょうとく》の文芸好きから、すでに少年期にこのような風雅の心が育っていたのであった。

熊野詣で

この東重胤は、承元二年(一二〇八)に政子が熊野参詣に出かけたとき、その先発として京都に行った。実朝が疱瘡《ほうそう》を病んだ年である。政子は弟の時房とともに十月十日に鎌倉を出発して、二十七日に京都に着いた。「御宿願ヲ果サンタメニ」とあるのは、亡き夫や子の冥福を祈るためであろうが、もっとも心をこめての祈願は実朝の身の安全だったと思われる。頼朝の死後に源家につきまとう不吉な影こそ政子を悩ます心労の最大なものであろう。しかもそれが、平氏一門や安徳天皇やそして義経などの怨霊《おんりょう》のなす業《わざ》と取り沙汰されているとすれば、これは霊験あらたかと聞く熊野権現に頼るのが最上だった。五十二歳の尼政子が、弟を連れて東海道を旅し、更に紀州までの道をたどり行く様は、いかにも健気《けなげ》であり哀れでもある。

入道直実の往生

実朝は十七歳になった。やはり京都への憧れはつのるばかりである。京都から帰って来た東重胤を御所へ召して熱心に都の様子をたずねた。入道した熊谷直実が死期を予告して東山の麓で往生した話は、かねて実朝がその実情を知りたかったところで、その報告を聞いて感銘深かった。そのほか朱雀門の火災、都で鳩を飼うことが流行していることなども興味があった。その年の暮に政子は帰って来た。そして実朝は正四位下に叙せられた。

五　青年期の実朝

承元三年(一二〇九)十八歳の将軍実朝は、従三位右近衛中将になった。兄頼家が将

おとなしい実朝

軍になったのと同年齢である。だからもう少年ではない。同年の頼家が襲職後に気に入りの侍を集めてそれらの特別扱いを鎌倉中に触れたり、安達景盛の妾に横恋慕したりしたのにくらべると、実朝の場合は遙かに穏便であった。承元三年五月十二日に老将和田義盛が上総の国司を望んで将軍に内々に願い出た。実朝は母の政子に相談した。政子は「一般の武士は国司に任じないことを、頼朝の時に決定してある。だからこのような望みは許せない。もしそれでも実朝が新例を開こうというならば、自分のような女性はもう口出しはしない。」と言う。おとなしい実朝にそれを押し切ることはできなかった。母の言葉にしたがうことにした。

　政子としては実朝にもう一つ武将らしい強さが欲しかったのだろう。もう少年ではないのだから、和歌や鞠や管絃にばかり凝っていてもらいたくない。頼家が蹴鞠に淫《いん》するばかりに耽《ふけ》ったことを思えば、実朝のもっとも愛好する和歌の道はよほど安心できる趣味ではある。そして実朝夫人の縁者である都の後鳥羽上皇と趣味を同じくしていることに、貴族趣味の実朝の満足があったのだろう。

しかし鎌倉の主人としては、やはりもう一歩の欲を持つのが母として自然であった。それが、北条義時や大江広元を通じて弓馬の道に専心することを勧めさせることになった。その点でも実朝は素直だった。早速和田常盛以下の武士を集めて弓技《きゆうぎ》を行なったが、狩にも興味を持たない実朝にとっては、弓馬の競技よりは、そのあとの宴席の方が面白かったようである。

が、だからといって実朝は決して無能の凡才ではなかった。実朝が政治家としても一見識をもっていた例はいくつか挙げられているが、その中でも相模川の橋修理のことはよくその性格を現わしているように思う。

建暦二年二月二十八日に相模川の橋が数間腐朽したので三浦義村が修理の必要を上申した。北条義時・大江広元・三善康信などが相談の結果、「この橋は稲毛重成がその亡妻の供養のために作って建久九年に頼朝がその席に臨み、帰路に落馬してやがて死んだ。その上後には重成も誅せられることになった。だから橋は不吉である。強いて再興するほどのことはない。」と議決して実朝に報告した。実朝はこれに対して、「故将軍の薨去は武家の棟梁として二十年、官位を極めた上のことだし、また重成は自分の不所存から罰を受けたものだ。だからこの橋の建立とは関係がない。不吉などと称すべきではない。この橋は伊豆山・箱根に参詣道の要所であるし、民衆の往復にも便利である。全破しないうちに早く修理せよ。」と判断して命令を下した、という。義時・広元・康信を前において、これだけ理にかなった反対論を述べるというのは、尋常の器《うつわ》ではないはずである。二十一歳のことだった。

聖徳太子憲法をはじめ古い政道の書を読んだり、藤原定家と書を往復したり、万葉集・古今集・新古今集に親しんだりする実朝の教養は、すでに鎌倉の土豪武士たちの無智にあきたりなくなっていたのであろう。だから、その土豪的な言動に対しては、たとえ義時であろうと、また時には母の政子であろうと、実朝は反抗の勢いを示した。

病気勝ちの実朝

政子としては、実朝がだんだん武家の棟梁という立場を離れて貴族化に傾くのを案じつつも、やはり実朝の身に病魔や災異の及ぶことが一番こわかった。すでに二十歳をこえた実朝ではあったが、しばしば病魔に見舞われている。政子の神仏詣では依然としてつづけられ、実朝夫人と連れ立って日向《ひなた》薬師堂(相模国大住郡)に詣ったり、実朝とともに伊豆山・箱根に参ったり、鎌倉中の寺院に供養を重ねたりしていた。同時に一家内の怨恨が害をなすことを恐れて、建永元年には頼家の遺児(後の公暁)善哉を実朝の養子として営中に迎え、数年後には仏門に入れた。また建保四年には同じ頼家の娘の十四歳になるのを実朝夫人に引き合わせて、その養女にさせることにした。建保五年には、園城寺《おんじょうじ》に修業している公暁《くぎょう》を鎌倉に呼んで鶴ヶ岡の別当にしたのも政子の計らいだった。

政子の期待に反して実朝はなお病弱であり、また鎌倉武士から心が離れて行った。

気に入りの和田義盛

実朝の信任していた武将は、和田義盛だったようだが、その義盛の息でとくに気に入りの朝盛は出家して京都に走り、義盛は北条義時の挑発に乗ってとうとう和田合戦となって建保元年に滅び去った。

和田合戦

この北条対和田の大戦乱は、いよいよ実朝の心を幕府から離してしまったように見える。そして求道《ぐどう》へ、歌道へ、官位昇進へと急速に進んでいった。つまり武士から貴族へ、鎌倉から京都へと心が移って、貴族的知識人となり切ろうとしていた。

このような実朝は、また御家人武士の側から言えば、己れらの以て仰ぐべき首領とは感じられない。鎌倉の主として、京都の本所領家的支配から武士の権益を守ってくれなければ武家の将軍とは言えないのである。一つの例として建保元年九月の御家人長沼宗政(小山朝政の弟)の評言を見よう。下野の国の僧重慶(畠山重忠の末子)を生捕りにせよという命令であったのに、宗政は首を斬って来たので将軍の怒りを受け

長沼宗政の実朝評

たときの抗弁である。

「生け捕りにするのは容易だったが、それだと婦人や比丘尼《びくに》の愁訴によって許してしまう惧《おそ》れがあるから殺して来たのだ。頼朝公のときは武備を重んじたが、今は和歌や鞠が大事で、武芸は止めたも同然。女性が主であって武士はないも同然。また没収の領地は勲功のやからに分けないで若い女に与えてしまう。たとえば榛谷《はんがい》重朝の領地を五条の局に、中山重政の跡を下総の局にというように。」

ずいぶん手厳しい批評だが、武士からみればこの通りだったろう。そして北条義時も泰時も、また政子でさえも、多数の武士の要望にこたえなくてはその存在価値がない。とくに政子の立場は難しい。義時が武士土豪の利害を代表し、実朝が朝廷に近づき貴族化するならば、前に頼朝がとっていたような、両者の緩衝地帯的な役割を政子が果さなければならないことになる。いうまでもなく頼朝初政のころとくらべれば、事情は違って、鎌倉政権の武士掌握の度は進んでいるが、しかし朝廷でも内部の事情から時に硬化して反撥することが多くなった。九条兼実は建永二年（一二〇七、十月に承元と改元）に卒し、坊門信清も建保四年（一二一六）に死んだ。

実朝の官位昇進

しかも実朝は建保元年二月に正二位（二十二歳）、同四年に権中納言兼左近衛中将（二十五歳）、同六年に権大納言、左近衛大将、内大臣（二十七歳）と官位昇進は速さを加え、その間には渡宋の企てさえ立てていた。

このようにして政子は二度目の熊野参詣を志したのであった。

六　熊野詣でも空し

再度の熊野詣で

政子の二度目の熊野参詣は建保六年（一二一八）のことであって、二月四日に鎌倉を出立し、弟の時房を供にした。政子はすでに年六十二である。主な目的は病気勝

卿の局藤原兼子

定家も兼子に取り入る

ちであり、武士を嫌う神経質な実朝の身に、災厄の降りかからないことを熊野山に祈ることであったろうが、今度の場合はそのほかに俗務を持っていた。一つは政子の妹(稲毛重成の妻)の孫にあたる娘を土御門《つちみかど》通行と縁組させるためだった。この娘は綾小路《あやのこうじ》師季の女で、二歳のときから鎌倉で養育され、政子の養女になっていた。政子は、とくに可哀相に思って祖父稲毛入道の遺領を与えていた。その娘がこのときは十六歳になっていた。もう一つは当時京都側にあって権力を握っていた藤原兼子と面談していろいろ打合せることだった。兼子は、刑部卿《ぎょうぶきょう》藤原範兼の娘で卿《きょう》の局といわれた。叔父の高倉範季とともに幼少時代から後鳥羽上皇のそばにいて、上皇の機嫌をとるのが上手だった。兼子の姉範子は土御門通親の妻であり、承明門院(土御門天皇の母)の母であるから、派閥としては通親の系統であるが、通親の急死後も依然として宮廷内に勢力を持ち、上皇独裁の間は兼子によらなければ官位昇進が成功しないほどの乱脈ぶりだった。藤原定家も兼子の力によって従三位となることができた、と『明月記』に書いている。

右大将を争う

ところが政子が鎌倉を立つ前の年の十一月に、京都と鎌倉との間にイザコザが起った。それは一条能保（頼朝の妹の夫）の婿になる権大納言西園寺公経《きんつね》と兼子の夫の藤原頼実（前太政大臣、兼子の二度目の夫）の養子の師経《もろつね》とが右近衛大将の任官を争ったことがあった。上皇は師経が公経の下位であるのにかかわらず、師経の方の望みをいれようとした。公経は失望し、出家して鎌倉に行って余生を送ろうと語った。これを上皇は、公経が幕府の威をかりて脅迫するものとして激怒し、公経に籠居《ろうきょ》を命じた。これはただの大将の官を争っただけでなくて、当時の複雑な皇位継承の問題も絡《から》まっていると『愚管抄』は記している。それはとにかくとして実朝は、公経が勅勘《ちょくかん》を受けたのは兼子の策動である、として京都に抗議したので、兼子は驚いて、政子出発の三日前に公経の閉居を解くように計らった、という。

こんな事があったので、多分兼子からの申し入れで政子と兼子とが京都で面談

兼子の訪問

女人入眼の日本国

することになったと思われる。二月二十一日に政子は京都に着いた。それから四月の十五日まで二ヵ月近く滞在し、その間に熊野参詣も無事にすませた。『愚管抄』によれば、兼子はしばしば政子の宿所を訪ねて話し合った、とある。事実であろう。兼子は政子より二つ年長でこのとき六十四歳。この京・鎌倉の両実力者を並べて慈円は、「女人入眼《じゅがん》ノ日本国、イヨイヨマコトナリケリト云ベキニヤ」と皮肉っているが、仏法・王法を至上とする慈円の目からは、嘆かわしい末世の姿と映ったのであろう。

ただしこの会談は野心家の兼子からの積極的働きかけによったものであろう。鎌倉方の機嫌をとることにつとめている。出家後の叙位は道鏡の外にないという例を破って、政子が滞京中に従三位に叙せられたのも兼子の斡旋であったし、後鳥羽上皇への謁見のことも骨を折ったらしく、四月十五日にその沙汰が伝えられた。しかし政子は、「辺鄙ノ老尼、竜顔《りゅうがん》ニ咫尺《しせき》スルモソノ益ナシ。然ルベカラズ。」

と辞退して（『吾妻鏡』）、その日のうちに諸寺参詣の志を投げうって引き上げてしまった。

辺鄙の老尼

「辺鄙ノ老尼」とは政子の実の姿であり、また謙遜ではなくその本心でもあったと思う。

両女の密約

またこの時の政子と兼子との会談の席で、政子が当年二十七歳の実朝に子がないことを嘆いて語り、兼子は上皇の皇子を下すことを約束したように、慈円は推察している。

政子は熊野参詣を無事に果して四月二十九日に鎌倉に帰り着いた。しかし実朝の心はいよいよ武士の世界から離れていった。陳和卿《ちんわけい》の勧めによって渡宋の計画を立て、大船の建造まで行なったのに、造船技術の未熟のためかあるいは人為的の妨害によってか、建保五年四月にこの計画はつぶれた。そして実朝の官位昇進

「官打ち」か

がにわかに早くなった。『承久記』のいうようにこれは上皇方の「官打ち」であ

ったかも知れない。位負けさせて早死にを期するのだという噂が立ったほどの速さだった。実朝はそれを辞退しない。

政子・義時・広元の心配

政子や義時や広元からみれば、これは危険なことだった。武士という身分から浮き上がったものは、武士の心服し得るところではない。主として東国の中小武士層の要望をになって出発した鎌倉政権の根拠を失なうことになろう。高位高官がすでに利用価値がとぼしくなって来ていることは、政子も再三の上洛で判《わか》って来たし、大江広元にいたっては、前々から京都の事情に通じている。言わば鎌倉は〝土の政権〟で、京都は〝衣冠の政権〟である。土から離れて衣冠に入りこむことは決して土豪の期待に添うところでないばかりか、今となっては危険でもある。『吾妻鏡』には、このことを義時と広元とが密かに談じ合った上で、広元から実朝に諫言した、とあるが、これは、政子も同意見であったに違いない。しかし実朝は承知しなかった。「そのことはよく判っているが、源氏の正統はもう絶

実朝右大臣
政子従二位

えようとしている。子孫にあとを伝えるという望みはないのだから、自分が高官に昇って家名を挙げるほかはない。」と言われて、広元は返す言葉がなかったという。

建保六年(一二一八)の十二月二十日には、とうとう実朝に右大臣任官の報告が来た。政子は十月に従二位に叙せられた。

そして翌建保七年(一二一九、四月に承久と改元)一月二十七日、右大臣拝賀の式の直後に実朝は倒れた。下手人は頼家の遺児の公暁。実朝二十八歳、公暁十九歳であった。

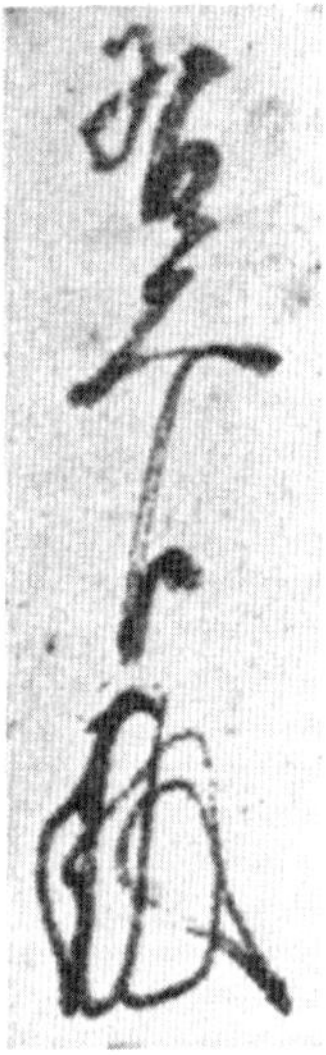

源実朝花押
(右大臣実朝書状『宝簡集』九)

討たれたのは独り残った次男であり、討ったのは長男の忘れ片身である。政子のもっとも恐れていたことがついに起ってしまった。これまで断片的に引いた

政子の述懐

『承久記』の政子の述懐をここにまとめてみよう。

「日本国ニ女房ノ目出度タメシニ、尼ヲコソ申ナレ共、尼程物思ヒタル者ノ世ニハアラジ。故殿《ことの》（頼朝）ニ相ソメ進《まい》ラセシ時ハ、世ニナキ振舞スルトテ、親ニモ疎《おろそ》カニ悪《にく》ミソネマル。其後、平家ノ軍《いくさ》始リシカバ、手ヲ握リ心ヲ砕キ、精進潔斎シテ仏神ニ祈精ヲ致シ、安カラヌ思ニテ、六年ガ程ハ明シ暮シ候ニ、平家無レ程《ほどなく》亡シカバ、サテ世中ヲダシク（穏やかに）トゾ思シニ、無幾程《いくほどもなく》大姫君ニヲクレ進《まい》ラセテ、何事モ不覚、同ジ道ニト悲ミシヲ、故殿、一人（ひめ一人）無レバトテ、サノミ思ヒ沈ム事

親にも憎まれた

大姫と同じ道に

源　実　朝　墓

是こそ限なれ

ヤハアル、ナキ者ノ為ニモ罪深《き》事ニコソナント（頼朝が）被レ仰シカバ、必《ず》其ニナグサムトシモハ無ケレ共、明ヌ暮ヌトセシ程ニ、故殿ウセサセ給シカバ、此時コソ限ナリケレト思シヲ（一本に今ハ誰《の》為ニカ命モ惜カラヌト有シニ）、左衛門督殿（頼家）、未ダヲサナクマシ〳〵シカバ、故殿ニヲクレ進《まい》ラセテ、如何カセント存候ダニモ、センカタモ候ハヌニ、一度ニ、二人ニヲクレン事ヨト、余リニ被レ仰シカバ、ゲニ又難二見捨一思ヒ進ラセテ有シ程ニ、又督殿被レ失《こうどのうせられ》給シカバ、誰ヲ可レ頼方モナクナリハテヽ、鎌倉中ニ恨メシカラヌ者モナク、思沈《いみ》シカ共、故大臣殿（実朝）ノ今ハ頼敷《たのもしき》方モナク、独子ト成テ候ヲ、争《いか》デカ御覧ジ捨ラレ可レ候、何レカ御子ニテ候ハヌト、ヲトナシク嘆キ被レ仰シカバ、現ニイタハシクテ空ク明シ暮シ候ニ、大臣殿失《うせ》サセ給シカバ、是コソ限ナレ、何ニ命ノ存《なが》ラヘテ、カヽル浮身ノムクヒニ、重テ物ヲ嘆クラン、如何ナル淵河ニ身ヲモナゲ、空クナラント思立シニ……」

もっともな嘆きである。六十三歳でまたこの人生最大の不幸にあって、この上は三代の菩提をとむらうことだけが生きるかいであった。

第三　尼将軍として

一　幼い四代将軍

取り残された老尼

建保七年（四月に承久と改元、一二一九）一月、政子は六十三歳でただ独り取り残されてしまった。すでに幾たびか死期をはずして、今は尼の身、亡き夫や子供たちの菩提をとむらうことが、今後の仕事である。思えば四十二年前の若い政子が選んだ夫が源頼朝であったことが、今日の不幸の源であった。しかし、政子の性格としてそのようなことは考えるはずはない。心のはしにも浮ばないことだろう。伴侶は頼朝であってもいい、イヤむしろ頼朝でなければならなかった。ただしその頼朝が平氏を滅ぼして武家の棟梁、征夷大将軍になったことが政子の半生を不幸に落ちこませたのであった。せめて東国武将の盟主であるような立場で通せたら、あるいはこれほど早く夫に別れないですんだかも知れない。少なくとも長男・二男に悲惨な若死をさせないですんだであろう。青少年の身で武家政権の最高の座にすわったことが、彼らを母から引き離して先立たせるような末路をたどらせることになってしまった。そして政子にその方向を変える力はなかった。その針路を少しでも修正し、破局を遅らせることに努めるほかはなかったし、その努力もほとんど報われていない。

努力報われず

今後は亡き夫や子供の菩提をとむらうことが大事ではあるが、しかし故将軍の妻として、母として、また執権北条家の出身として、差し当っての幕政の跡片付けに全く触れないわけにはいかない。まず将軍の後継者の問題があり、それは同時に京都側との摩擦と関連をもっている。主に東国武士の輿望と支援とがあって成立した幕府であったから、その中小武士の動揺を防ぐことが、もっとも緊要なことであるが、それに処するためには北条義時も時房も泰時もまた大江・三善も健在である。今の政子の役目はこれまでの行がかり上、最高の人事問題である。

六条宮か冷泉宮

実朝の葬儀をすませて二月十三日、政子は二階堂行光を京へ上せて、後鳥羽上皇の皇子の六条宮（雅成）か冷泉《れいぜい》宮（頼仁）かどちらかを将軍として鎌倉へ下してもらいたいと申しやった。この書面には宿老家人が連署して、一同の希望であることを表明した。

例の藤原兼子はこの二人のなかでは冷泉宮と縁が深かったので、その実現に奔走したようであったが、これは結局水泡に帰した。上皇は「二人のうち一人は関東に送ろうが、しかし今はその時期でない」というような返事を与えただけだった。京都側の記録には、「そのようなことは、他日日本を両分するもとになるから許さない」という上皇の意向だったとある（『愚管抄』）。

上皇日本国二分を恐れる

このころは京都も鎌倉も、上下とも動揺の状態で、この上の騒動を恐れ、申し

天下泰平の祈禱

合せたように東西で天下泰平の祈禱がつづけられた。阿野全成（義経の同母兄）の子の時元が駿河で謀反を起したのも、このときであった。政子は金窪行親《かなくぼゆきちか》を遣わして阿野冠者の乱を鎮め、また京都警固のために、義時の義弟伊賀光季《みつすえ》と大江広元の子の親広《ちかひろ》を京都におくった。

上皇の申し入れ

後鳥羽上皇は藤原忠綱を鎌倉に遣わした。忠綱は三月九日に鎌倉に着いて政子を訪ね、実朝の急逝をとむらった。そして次に義時に面会して、上皇の意向として「摂津の国の長江・倉橋の二荘園の地頭を罷免するように」と伝えた。この荘園は上皇が伊賀の局（白拍子亀菊）に与えたが、その地の地頭が伊賀の局と紛争を起したのによる。政子は先に行光の使が親王東下について、曖昧な返書をよこしたのについて、再度京都にその早期の実現をうながしていたところへ、この申し入れである。交換条件のような観がある。

五人の相談

三月十二日に、義時と時房と泰時と広元とが政子の邸に集まった。すでに忠綱を一応帰したので、早く上皇に返使を出さなければならない。この相談で政子は親王将軍のことを半ばあきらめたものと思う。なぜなら頼朝いらいの御家人の地頭職を何の罪もなくて取り上げることは、幕府の根本をゆるがすものだからである。親王将軍はいわば飾り物に過ぎない。それと幕府のよって立つ根幹とをくらべれば事の軽重は明らかである。

頼朝の妹の曾孫

そこで十五日には時房に千騎の武士をつけて上洛させた。上皇に対する断わりの返事と将軍下向の懇請とをその使命としている。幕府も強硬だったが、上皇もなかなか譲らない。地頭の問題を断わられたからなおさらであった。「摂関家の子ならば許そう」という意向であったので、鎌倉では相談の結果、左大臣九条道家の子の頼経《よりつね》を将軍として迎えることにした。大納言公経《きんつね》の孫だから、頼朝からいえば妹の曾孫にあたる。そして頼経の父の道家は九条兼実の孫でもある。縁戚の関係はじゅうぶん深いものがあったが、年はわずかに二歳である。京から鎌倉への二十日余の道中に一度も泣かなかったと慈円は不思議に思って書いているが、いくらおとなしくても二歳の幼児では、まだまだ政子の荷は軽くならない。七月十九日の昼に行列は鎌倉に着いて、その夕方に政所始の儀式が行なわれた。若君にかわって政子が簾中《れんちゅう》で政務をみなければならない。それで「尼将軍」と呼ばれることになった。（頼経の将軍宣下は嘉禄二年、九歳になってからである。）

尼将軍と呼ばれる

この年の九月二十二日に鎌倉始まって以来の大火があった。午後三時ごろから数時間燃えひろがって、南風にあおられ永福寺の門までに及んだが、幸いに実朝の旧邸にいた政子も、義時の邸内の新宅にあった頼経も、類焼をまぬかれた。ところが十二月二十四日に政子の住居から火を出して焼けてしまい、当時からだを悪くしていた政子は、大倉の義時の邸に移って頼経といっしょに住むことにした。

火事で焼け出される

数日たった二十七日は実朝の命日である。政子の願として故人の追善のために勝長寿院のそばに一寺院を建てて運慶の刻んだ五大尊を安置していたが、この命日に供養を行なった。このような幼い頼経の世話と故人の供養とが、この一―二年の政子の日常だった。翌承久二年もそういう年で、五月には実朝追善の千日講が結願し、十二月一日には頼経の袴着《はかまぎ》の儀式があった。義時・時房・泰時をはじめ御家人一同が並んだ中で、後藤基綱が装束を若君の前に進め、義時が腰ひもを結ぶ。すべて頼経の介添《かいぞ》えは政子であった。六十四歳の老女が三歳の若君をなにかといたわり助ける様子は美しくまた痛々しいことであったろう。翌年の一月二十七日は実朝の三周忌である。政子の沙汰として法事を行なった。このときは特に乞食千人に施しを行ない、罪人三十人を赦免した。

頼経袴着の介添え

　このような幼君の養育と亡息の供養に明け暮れしていられれば、政子の老後もまずは平和であったのだが、京都の形勢はそれを許さなかった。京都にいる鎌倉の味方は大納言右大将の西園寺公経である。そして大江親広と伊賀光季が鎌倉から派遣されている。しかし公経の孫の頼経が鎌倉に下って政子に養なわれ征夷大

西園寺公経

将軍を約束されているということは、西園寺家や九条家と鎌倉とを結ぶきづなにはなっても、公卿と武士との摩擦をゆるめる滑剤にはなり得なかった。独裁者後鳥羽上皇は幕府を憎むのあまり、源家内の抗争を武家の衰運と判断して、ひそかに皇権恢復をねらっていた。西園寺公経はもちろん密議からは除外されていた。その情報は鎌倉に伝えられて来る。

討幕の密議

例によって『吾妻鏡』は凶乱の前兆を記している。それは三月二十二日のことだった。政子は明け方に夢をみた。由比ヶ浜の浪間に大きな鏡が浮んで、そこから声がした。「われは大神宮である。天下を思うに、世が大いに乱れて兵を動かすことになろう。泰時がわれを祭るならば泰平を得よう。」という。政子はこれを信じて波多野朝定を伊勢に遣わして願文《がんもん》をささげさせた。そして四月二十九日には京都からの使者が、去る二十日皇位が順徳から四歳の仲恭にかわったことを伝えた。これまでの例を破ってこの譲位は一切鎌倉側に触れられていない。情勢

政子の夢見

は切迫している。

二　承久の乱

承久三年（一二二一）の京・鎌倉の戦いについては、多くの批評が行なわれて来たが、結局北畠親房の評言があたっているように思う。

北畠親房の評言

「頼朝勲功はむかしよりたぐひなき程なれど、ひとへに天下をたなごゝろにせしかば、君としてやすからずおぼしめしたるも理《ことわり》なり。いはんやその跡たえて、後室《こうしつ》の尼公《にこう》陪臣の義時が世になりぬれば、彼《かの》あとをけづりて、御心のまゝにせらるべしと云も、一往のいひなきにあらず。しかれど、白河・鳥羽の御代のころより、政道の古きすがたやう〳〵おとろへ、後白河の御時、兵革おこりて姦臣世をみだり、天下の民ほと〳〵塗炭《とたん》におちにき。頼朝一臂《いっぴ》をふるひて、其乱をたひらげたる、王室はふるきにかへるまでなかりしかど、

一往の理由はないこともない

万民の肩やすまる

一往のいわればかりでは上のとがなり

九重《ここのえ》の塵もをさまり、万民の肩もやすまりぬ。上下堵《と》をやすくし、東より西より其徳に服せしかば、実朝なくなりてもそむくものありとはきこえず、是にまさるほどの徳政なくして、いかでたやすくくつがへさるべき。たとひ又うしなはれぬべくとも、民やすかるまじくば、上天《じょうてん》よもくみし給はじ。次に王者のいくさと云は、とが有を討《とう》じ、きずなきをばほろぼさず。頼朝高官にのぼり守護の職を給ふ、是みな法皇の勅裁也。わたくしにぬすめりとはさだめがたし。後室、其跡をはからひ、義時久しくかれが権をとりて、人望にそむかざりしかば、下にはいまだきずありといふべからず。一往のいはればかりにて追討せられんは、上の御とがとや申べき。謀叛おこしたる朝敵の利を得たるには、比量せられがたし。かゝれば時のいたらず天のゆるさぬ事はうたがひなし。」（『神皇正統記』）

一時の憤りによって兵を起した上皇方の不当を糺し、しかも頼朝以来の幕府の民生の安定と民心の掌握とを肯定している。情に激した上皇とその側近や、闘争の利を追って野心を抱く一部の公卿は別として、そのほかは、だいたいこの親房の見方に近い批判をしていたと思う。

政子・広元の自信

まして四十年に近い経験をもつ北条政子や大江広元には、充分な自信があった。義時や泰時は、公然と朝廷に抗戦することについての迷いや動揺があったように書いた書物がある。比較的この時に近く書かれたものとしては、『承久記』『増鏡』『梅松論』『明恵上人伝記』である。みな公家側の記録であるから、そのままは信じられないが、しかしそれに近い感想をもったことはあり得よう。そして比較的に義時は強硬であり、泰時は穏便の態度をとったように記されている。〝衣冠の政権〟の頂点である上皇や天皇に対して、神仏に対して感じると同じような呪力をその中に認めることは、やはり中世人一般の心理であったろう。

皇室の呪力

政子や広元にそれが全くなかった、とは思われないが、親房の説くように、

「いまだきずあり」といえないのに、「一往のいはればかり」で滅ばされるのは不当である。四十年近く〝土の政権〟の代表者として立って来た政子や広元にとっては、その現実の経験の前に〝衣冠〟の呪力は空しく消えるほかはなかった。京・鎌倉の間の緩衝地帯も潤滑油も、このときまでのものだった。今はそれは役に立たないし、また必要でもない。在地の武力を集中して敢然と公家に抗すべきときである。

空しい衣冠の呪力

しかしこれが和田合戦とは性質を異にすることはいうまでもない。恩賞や相続の問題などで、必ずしも幕府の過去にあき足りていなかった武士も存在している。それらにとっては、やはり院宣を帯して朝敵を討つという旗じるしは強い拠り所になることができよう。時に大江広元は眼をわずらって失明に近かった。なんといっても尼将軍政子の出馬を期せざるを得ない局面である。

鎌倉へ飛脚つづく

変乱の確報が鎌倉へ入ったのは、五月十九日だった。京都守護伊賀光季からと内大臣西園寺公経の家司《けいし》からと同時に飛脚がついた。「関東調伏《ちょうぶく》の修法を密かにつづけて来た後鳥羽上皇が、その宣命《せんみょう》の文が外部にもれたので、ついに十四日に流鏑《やぶ》馬《さめ》に名をかりて、諸国の武士を集めた（『百錬抄』）。集まるもの千七百余騎、その中には京都守護大江親広もあった。伊賀光季は公経から聞き知っていたので召に応じなかったところ、上皇は公経とその子実氏を召し籠め、光季を攻め殺した。そして北条義時追討の宣旨を五畿七道に下した」と。この急報に接して幕府は鎌倉中をたずねて、院宣を持参した密使を捕え、その密書を没収し、政子の邸で開封したところ、宣旨のほかに宛先の東国の武士の名が並べてあった。そしてそれを裏書きするように、三浦義村のところに別の密使が来て在京の胤義（義村の弟）の密書を届けた。「勅命を奉じて義時を討てば恩賞は望みのままに与える」という。

恩賞は望みのまま

容易ならざる事態が迫ったので、その日のうちに、義時・時房・泰時・広元は政子の邸に集まり、同時に家人一同を召集した。そして政子が「最期の言葉」と

政子の「最期の言葉」

して一同をさとすのである。この言葉は本によって少しずつ異動があるが、今さらその正確さを求めるわけにはいかない。主なものを摘記しておこう。

「ミナ心ヲ一ニシテウケタマハルベシ、コレ最期ノ詞ナリ。故右大将軍朝敵ヲ征罰シテ、関東ヲ草創シテヨリコノカタ、官位トイヒ、俸祿トイヒ、ソノ恩山岳ヨリ高ク、溟渤《めいぼつ》（大海）ヨリ深シ、報謝ノ志浅カランヤ。シカルニ今逆臣ノ讒ニヨリ、非義ノ綸旨ヲ下サル。名ヲ惜ムノ族《やから》ハ、早ク秀康・胤義等ヲ討チ取リテ、三代将軍ノ遺跡ヲ全フスベシ。タダシ院中ニ参ゼント欲スル者ハ、只今申シ切ルベシ。」（『吾妻鏡』原文漢文体）

非義の綸旨

大番三年を六ヵ月に

「（いかに侍ども、たしかにきけ。）（『承久軍物語』）日本国ノ侍共、昔ハ三年ノ大番トテ、（ていとをしゆごする事）（『承久軍物語』）一期《いちご》ノ大事ト出立、郎従眷属《けんぞく》ニ至迄是ヲ晴トテ上リシカ共、力尽テ下ル時、手ヅカラミヅカラ簑笠《みのかさ》ヲ首ニ掛、カチハダシノ躰《てい》ニテ下リシヲ、故殿《ことの》ノアハレマセ給テ、三年ヲ六月ニツヾメ、分々ニ随テ支配セラレ、諸人タスカル様ニ御計ヒ有テ、(よろこぶ事かぎりなし)(『承久軍物語』)是程御情深ク渡ラセ給シ御志ヲ忘レ進《まい》ラセテ、京ガタヘ参《まいら》ン共、又留テ御方《みかた》ニ候テ奉公仕ラン共、タシカニ申切レ。」(『承久記』)

田園身をやすくす

「各心を一にして聞べし、是は最後の詞也。故大将家、伊与入道・八幡太郎の跡を継て、東夷をはぐゝむに、田園身をやすくし、官位心にまかする事、重恩すでに須弥《しゅみ》よりも高し、報恩の思大海よりもふかゝるべし。朝威をかたじけなくする事は、将軍四代の今に、露塵《つゆちり》あやまる事なきを、不忠の讒臣等天のせめをはからず、非義の武芸に誇りて、追討の宣旨申くだせり。汝はからずや。男をばしかしながら殺し、女をば皆やつことし、神社仏寺ちりはいとなり、名将のふしどころ畠にすかれ、東漸《とうぜん》の仏法なかばにしてほろびん事を。恩をしり名をおしまむ人、秀康・胤義をめしとりて、家を失はず名をたてん事をおもはずや。」(『六代勝事記』)

非義の武芸に誇る

まず尼を害せ

広元の出撃論に政子同意す

「我なまじひに此命残りて、三代将軍の墓所を、西国の輩の馬のひづめに懸む事、甚口惜《だき》次第也。我存命してもよしなし、先《ず》尼を害して君の御方へ参ずべし。」(『梅松論』)

幕府としての覚え書きや、また聞いた武士たちの口から伝わったものや、いろいろまじっていようが、だいたいの政子の心情と決意とは知られる。

この政子の真剣さに打たれて、庭にまであふれた一同が涙を流して忠勤を誓った、というから、これで家人《けにん》の動揺は防がれた。そして軍評議《いくさ》が行なわれて、いったん足柄・箱根の関所を固めての迎撃戦術にきまりかけたが、大江広元は、「そのようなことに日時をかけたら敗戦のもとにもなる。むしろ運を天にまかせ兵を都に進めるべし。」という出撃論をとなえてそれに反対した。ここでも政子の意見が問われた。

政子は広元の出撃戦術に賛成し、安保《あぼ》実光以下の武蔵の武士が集まりしだい出発すべし、とし、同時に東国から奥羽の国々の武士を急ぎ召集した。

ところが一日おいて二十一日にまた集まって評議したところ、本拠を留守にして上洛するのは危険だ、という意見が出て来た。広元は「出撃と決定しながら一日を置くからそのような異論も起きる。武蔵の国の武士の集まるを待つというだけでさえ手ぬるい。只今夜であっても出発せよ。たとえ泰時ひとりでも急進すれば、東国勢はあとからあとから集まって来るものだ。」という。この席に入道善信(三善康信)が病気のため出席していなかったので、政子はとくに善信を招いて問い合わせた。康信は「関東の安危がこのときにきわまるというのに、軍評議で日を送っている場合ではない。大将一人でもいいから先ず進発するがいい。」という。都の事情に通じており、しかも今は出家して仏門に入っている宿老二人の意見が期せずして一致した。そこでその夜のうちに泰時は手兵を連れて出発し、時房・朝時がこれにつづいた。

政子善信に問う

この最後の軍議のあった日に京都から一条頼氏が来て政子に面談した。頼氏の父頼茂は大内守護であったが、前々年に上皇のために殺され、頼氏も捕えられていたのだった。その理由は諸説あってよく判らないが、すでにそのときから上皇の計画は進行していて、それに絡《から》んでのトバッチリかと思われる。頼氏は政子に対して京都の有様を詳しく伝えた。

勝報鎌倉に来たる

このようにして鎌倉は、政子と義時と広元・康信が留守をつとめ、幕府軍は総勢十九万の大軍になって京都を攻めた。幕府軍の一方的勝利とまではいかず、時に苦戦の場面もあったが、勝敗の帰趨《きすう》は明らかだった。戦いの経過を述べる必要はなかろうが、その勝報が六月二十三日に鎌倉に届いて、「合戦無為《ぶい》、天下静謐《せいひつ》」を泰時が伝えたときは、やはり大喜びだった。「公私喜悦シ、喩《たと》エヲ取ルニ物ナシ」とある。政子も嬉しかった。安心した。

さっそく大江広元は、文治元年の平氏討伐のときの例を調べ、宮方の処刑書をつくって京都の泰時に送った。

三　最後の安心

承久の変乱にあたって大決心を披瀝《ひれき》して幕府を動揺させなかった政子は、戦いがすむとやはり仏事供養や一家内の家事がその仕事であった。乱後の処分で泰時は賞罰を厳正にした間にも、かなり寛容な態度を示したと伝えられているが、しかし文治元年の頼朝の場合と違って、こんどは公武の正面衝突であったから、やはり公卿の間には多くの悲劇があった。もう両者の間の緩衝地帯をおく必要はないのであって、承久の企てを再びあらしめないように、という原則にしたがって処刑は厳正であった。だから公卿の中では何かの縁を求めて政子に助命をすがろうとするものがあった。例えば源有雅《ありまさ》、坊門忠信がそれであったが、有雅は政子の書面が一足違いで間に合わずに処刑され、忠信は死を許されて越後に流された。

坊門忠信死をまぬかる

一方政子は法橋《ほっきょう》昌明のように自分の勲功を申し出ないものをたずねて賞を行なうこともあった（但馬の守護）。

公経・実氏の昇進

また頼朝の縁戚の中でもっとも鎌倉方として働いた西園寺公経の昇進を進言し、公経は太政大臣に、子の実氏は権大納言兼右近衛大将に昇った（『吾妻鏡』はこのことに関する日付を誤まっている）。

神仏の方については、まず去る三月に夢のお告げがあった大神宮をはじめ、鶴ヶ岡八幡や諏訪宮その他に土地を寄進し、同時にこの事変のため没収した三千余ヵ所の所領を功のあったものに分けることにも政子は立ち会った。

翌年の貞応元年と次の貞応二年とは、鎌倉に一度ずつ大地震の記録があるが、そのほかは至って平穏だった。政子は大慈寺に義時とともに参詣して、自分の本尊の釈迦如来の供養をしたり、勝長寿院の奥に寺と政子の邸を建てて実朝の本尊を安置したり、五仏堂の千日講の結願に参堂したりという日常だった。

三つ児を養育させる

町民の女性が生んだ三つ児を引き取って養育させたのもこの二年の秋のことだった。

そして承久後の新補した守護・地頭が庶民に喜ばれているか憂いのもとになっているかを近畿・西国にたずねさせたのは、老女の行き届いた思いやりだったし、乱で早く死んだ伊賀光季の遺児が四人、みな十歳にもならないのを邸に招いて激励したのは、やはり母性のやさしさだった。この年の五月五日の節句には、義時といっしょに頼経をたずねた。六歳になった頼経とともに宴を張り、歌い女《め》を呼んでその芸を見物した。義時・伊賀光宗・三浦義村などは興に乗って自分の衣服を脱いで歌い女に与えたという。

光季の遺児四人

六歳の頼経の端午の祝い

しかしその年も終って翌貞応三年（十一月に元仁と改元）になると、政子にとって最後の重大な難局が迫って来た。どうしても政子が乗り出さなければ解決が難しいことになった。

義時の急死

まず六月十三日に弟の義時が急死した。突然だったのでいろいろな噂が飛んだが、恐らく脚気衝心のためだったろう（『吾妻鏡』『百錬抄』）。この理性的で陰気な弟は、政子にとって、晩年の父時政にくらべれば頼もしい存在だった。後妻の愛にひかれて軌道を外《はず》した時政は、哀れに寂しい末路だったが、政子は息子を護って父を見捨てたのだった。そして義時がいい相談相手になっていたのだが、この義時もまた死後に後妻を残して騒動の種をまいた。前年と前々年との平和は、あるいはその底に紛争の芽を育てていたのかも知れない。

義時の後妻伊賀の方

京都にあった泰時（義時の嫡子）と時房（義時の弟）とは義時の死を聞いて、相ついで鎌倉に帰った。六月二十七日に鎌倉に帰ったが、翌日政子は両人に将軍の後見を命じた（泰時が執権、時房が連署）。これは少し早急に過ぎるかと政子は広元に前もって相談していた。広元は「今でも遅すぎるくらい。人が疑念をもっている時

北条義時花押（鰐淵寺文書）

には、ことを決めるのは早いほどいい。」と言った。すでに不穏の気が流れていたのだろう。義時が急死だったために跡目も遺領分配も決めておかなかったことが主因だと思われる。

義時の後妻伊賀の方には一男一女があった。男子は政村(二十歳)で、女子は参議右中将藤原実雅《さねまさ》に嫁いでいた。いま義時の死にあって、伊賀の方は、実雅を将軍に、政村を執権にして、自分と兄の伊賀光宗が実権を握ろうとたくらんだ。そして北条氏に対抗するほどの力を持っているのは三浦氏だけだったから、三浦義村を味方に誘った。義村は政村の烏帽子親《えぼしおや》であり、またその娘が泰時に嫁いで離縁されたという間がらである。この噂はすでに泰時に聞えていて、時房との間で手筈を調《ととの》えながら鎌倉へ帰ったとも伝わっている(『保暦間記』)。

幼いときから泰時に期待を寄せていた政子である。時には自分の両息以上に泰時を頼りにしていたかも知れない。いま四十二歳の働き盛りを執権に迎えて、頼

満足できる鎌倉の主

朝いらい始めて満足できる鎌倉の主を得た思いであった。その時にこの紛議である。どうしても政子が乗り出して収拾しなければならなくなった。

政子直言す

近国の御家人たちが鎌倉に集まって来て、物情騒然として来た。七月十七日政子は深夜ただ一人の女房を供に連れて三浦義村の宅を訪ねた。恐縮している義村に向って、政子はキッパリと直言した。

「義時が卒去したので泰時が都から帰って来たが、その後人々が群がったりして世間が騒がしい。政村や伊賀光宗らはしきりにお前の宅に出入りして密談しているという噂も聞く。これはどうしたことか。自分には合点がいかない。もしや泰時を除いて、お前たちで事を行なおうとでもしているのか。去る承久の逆乱に関東が安泰だったのは半ばは泰時の功ではないか。義時が度々の騒動を鎮めて泰平をもたらした、その跡をついで関東の棟梁となるべきものは泰時である。泰時でなかったら誰もいつまで安穏ではいられないのだ。

お前は政村とは親子同前だから、相談に乗っているはずである。政村や光宗が変事を起さないように諌めなくてはならないではないか。」

義村は何も知らないと言うが、政子は追究して、「政村について陰謀に加わるのか、泰時を助けて平穏を計るか、どちらかを今ここでハッキリ答えよ」と迫った。義村は仕方なく「政村の方は全く逆心はありませんが、光宗らは何か計画しているようですから、制止しましょう。」と誓約した。それで政子は帰った。

三浦義村は、政子の剣幕によほど恐れをなしたと見え、翌日泰時を訪れて、あれこれと言いわけをした。しかし泰時はそれを歯牙にもかけなかった。伊賀の方や光宗の策動は、なおつづけられたと見えて、その月の末には、鎌倉中の武士が旗をかかげ武装をして走り廻るような騒ぎがあった。

再び政子が乗り出した。閏七月の一日に頼経を連れて泰時の宅に行き、義村をはじめ家人の宿老を呼び集めた。時房も同席である。時房を通じて政子は一同に申し渡した。

「若君が幼いのに乗じて逆謀をたくらむものがいる。自分は年老いて役には立たないが、頼朝公の恩を一同が忘れなければ、自分の言うことに従って一致協力してくれるはずだ。そして謀叛人を除いてしまおう。」

未然に陰謀を押える

陰謀はこれで見事に押えることができた。

翌々日には、老病の大江広元を招いて、政子自ら処分を決した。光宗は信濃に流し、伊賀の方は伊豆の北条へ幽閉、実雅は公卿であるので一応京都に送った上で越前に流した（数年後に実雅は投身自殺した）。他のものはすべて許された。

これで政子の不安は除かれた。最後の努力だった。紛議や騒乱が鎮まったあとの〃落穂拾い〃こそ、老尼の政子のなすべき仕事と思っていたのに、最後の大事件の解決に乗り出さざるを得なかった。七十に近い老軀にとっては重荷であったろうが、鮮《あざや》かに取りしきることができた。幼年の頼経はとにかくとして、それを将軍として頂きに飾った上での幕府の柱石は、泰時でなければならなかった。政子が側につき添って見て来た頼朝の施政の態度は、泰時によってしっかり受け継がれている。政子にとって理想の執権と思われた。

北条泰時自署花押
（島津家文書）

頼朝の後継者泰時

しかも頼朝のときは、朝廷との間の摩擦をさけ〝衣冠の政権〟と〝土の政権〟とを激突させない配慮が必要だった。しかし、泰時の場合は、すでに〝衣冠〟に権威もなく呪力《じゅりょく》も乏しい。むしろ〝土の政権〟を強化して、武士土豪の信望に応《こた》えることの方に重点がうつって来ている。〝土〟の主としては何の要素を必須とするかは、土豪出身の政子にとって充分理解のできることである。その眼にかなったものが泰時であった。

義時の遺領配分

元仁元年（十一月に改元、一二二四）の八月一日に、政子は、義時の喪《も》を憚《はば》かって政所に出仕しなかった泰時と時房とを、強いて出勤させることにした。泰時が執権として初めての政務は、その年の九月五日に行なった義時の遺領配分だった。これは前もって泰時が分配の表を作って政子に見せておいた。その配分の割当てが、嫡子泰時の分が格段に少ないので政子は不思議に思ってたずねたところ、泰時は「執権の職についたのだから所領などの望みはありません。ただ弟たちを満足させたいだけです。」と答えて政子を感動させた、という。それで泰時がその譲状《ゆずりじょう》を政子から受けて弟妹たちに廻覧させ、「異論があったら申し出るように」と申し渡したところ、一同大喜びで承認した。政子には一層嬉しいことだった。

翌年は元仁二年、四月に改元して嘉禄元年（一二二五）である。正月十四日に鶴ヶ岡で政子の願《がん》として最勝八講が始行《しぎょう》され、以後毎年この日をもって例とすることに決められた。そして五月二十九日、政子は病気になった。泰時は心をこめて諸神諸仏に祈禱した。病状は一進一退したが、六月十日に大江広元が七十八歳で病死したことは、

智謀広元の死

政子の病気にひびいたことと思う。頼朝いらいの政治顧問であり、冷静な理知をもってすべてを処理した人である。頼朝亡きあと、比企氏・頼家・時政・実朝と一家一族内の紛乱に、政子が女性ながら適当に処置して来られたのも、多くは広元の意見にもとづいたものであろう。また対朝廷の問題で、時には妥協的に時には強硬な態度をとり、ついには全く公武ところをかえて圧倒し去ったのは、時勢の行くところでもあったが、しかしそれを明察して取り計らった広元の指針によ

大江広元花押
(松平基則氏所蔵文書)

る所が大きかった。情に流れない冷静な広元の態度は、その当時から後世に至るまで、時には酷に過ぎるような印象を与えている。それが頼朝や政子に対する後世からの評の上にも影響していると思われるが、しかし弱肉強食、しかも無政府に近い武家社会をまとめあげていくためには、そうするほかはなかったのである。

再度の失神

広元の卒去につづいて、政子の病勢はつのった。六月十六日と二十一日には気絶して一同を驚かせたが、七月八日に危篤のまま東御所に移って十一日に薨じた。年六十九歳。

法名

墓

『明月記』には「不食ノ病」とあるが、まず老衰と考えていいだろう。一ヵ月あまりも病床にあったので、看病は行き届いたし、没後の仏事も善美をつくすことができた。法名は如実、また妙観上人と号した。住居とした勝長寿院の御堂(今の法華堂あとであろう)で荼毘《だび》に付したので、墓もそこに造ったのだろうが、今

↑手前立札のやぐら内に実朝五輪塔がある（唐草やぐら）。先方（左手）立札の所が政子の墓のあるやぐら。

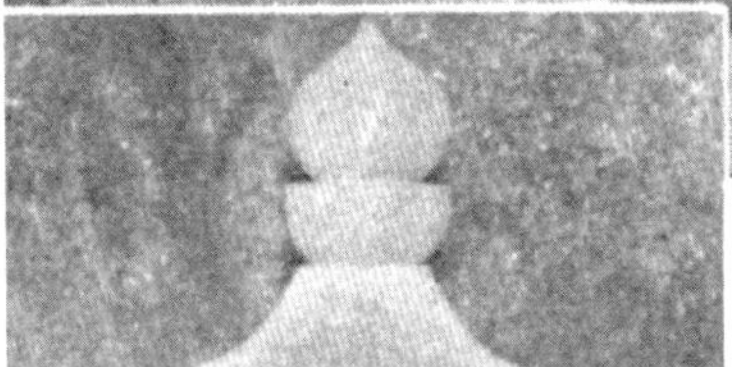

寿福寺にある政子の墓

は分骨したかと思われる寿福寺の岩窟に実朝とならんで墓所がある。分骨は高野山にも送ったと定家が推測している。

『吾妻鏡』は「前漢ノ呂后《ろこう》ト同ジク天下ヲ執行セシメ給フ。若シマタ神功皇后再生セシメテ我ガ国皇基ヲ擁護セシメ給フカ」と書いてあるが、こう書かれて政子が喜んだかどうかは判らない。政子としては、京から縁戚の摂家将軍を招き、それを助ける適材の執権を得たことに満足し、それを頼朝に報告できることをひたすら喜んでこの世を去ったことと思う。

あとがき

満足な家庭生活

北条政子は保元合戦の翌年、伊豆の豪族の長女として生れた。二十歳を過ぎたころ流人《るにん》源頼朝と結ばれたが、頼朝が源家の嫡宗であったために、東国の土豪はこれを押し立てて都の本所領家的支配に対抗しようとした。それが成功して頼朝が鎌倉に入って東国武士の首領となったから、従って政子は武将夫人の地位を占めることになった。

これは政子にとって満足この上ない家庭生活であって、一男二女を育てながら一家内の雑事に心を配っていればよかった。その家内の雑事の中には、政子の出産前後におこる頼朝の女性関係のトラブルがあったが、これも家庭を破壊するほどのものではない。ただ都で生れ育った頼朝にとっては日常の些事《さじ》であっても、農村に成人した政子には許し得ないことがあって、それが記録の表面に残されて人目を惹いている、というわけである。

悲劇の跡始末

武士社会にありがちな殺傷沙汰は頻繁であったから、武将夫人たる政子の仕事はそれらの悲劇の跡始末に女らしい神経を使って〝落穂拾い〟をすることだった。

時勢の変転は、ついに頼朝を全日本の武士の棟梁にまで高めてしまった。偶然の事情も働いたが、一つには頼朝のもつ貴族性が、都の公卿から期待を集めたことにもよる。しかしその貴族性に傾くことが過ぎれば、頼朝を擁立した東国土豪の要望には添えなくなって、その地盤から遊離してしまう。そこに政子をもって代表される北条氏の役割があった。〝衣冠の政権〟と〝土の政権〟とが激突を引き起さないための潤滑油《じゅんかつゆ》という程度を保っていなくてはならない。このころの政子という存在が果した政治性を求めれば、そのような言動にあったと言えよう。

征夷大将軍は所期を上廻る

ただし征夷大将軍という地位は、政子の望むところとは思えない。頼朝でさえもその所期するところを遙かに上廻ってしまった、と考えられる。しかし長い間領主の用心棒や番犬だったり田舎のボスだったりして暮して来た土豪たちには大満足だった。にわかに力を得て背を伸ばしたり押し合いしたり始める。だから頼朝や北条氏は、独裁を強化して抵抗するものを斬って棄てようとする。

このへんから頼朝、政子の家庭に不吉の影がさしはじめた。そして長女・頼朝・次女を相ついで政子は失なってしまった。それからの政子は両息を見守って、将軍の母としての二十年だったが、決して幸福とはいえなかった。亡夫をとむらって供養の朝夕を送っていられればまだしも、二人の息子は肌合いの違いはあるが、ともに武将という立場から離れてしまった。武士から遊離した将軍は不安定である。しかも御家人同志の内紛はつづく。

素朴な東国武士に、「故将軍」の思い出を消えさせないために政子は動いた。〃落ち穂拾い〃であり穴埋めでもあった。その挙句《あげく》に政子は二人ながら息子の変死に遭遇することになってしまった。幸福と言えないどころではなく、人生最大の不幸というべきである。六十を過ぎてただ一人が取り残されたのであった。

人生最大の不幸

尼将軍と呼ばれた晩年の六年は、飾り物の幼い将軍をかかえて心細い限りであったろう。しかし時勢はすでに武家の世になり切っているし、公武の激突はむしろ望むところでさえある。「辺鄙の老尼」であることを都に対して誇ってもいいのである。ただ大事なことは、鎌倉幕府を押し立てて自分たちの政権をつくり上げた武士をどうして安定させるかということであった。領地の錯綜、相続の紛糾で、訴訟は相ついで起って絶えることがない。

飾り物の将軍

理性ある政治、納得させる裁決が何より必要なとき、政子の目に北条泰時が頼もしい存在として映って来た。亡児頼家より一つ年少なこの甥を、政子はホープとして選んだ。大江広元・三善康信が去って、この新しい若い指導者が登場したことは、政子の最期の安心であった。

『曾我物語』

このような政子の一生を、できる限り同時代の史料を通して眺めたとき、後世に映る政子の人物評とはかなり違ったものが感じられる。南北朝ごろ書かれた『曾我物語』が、政子の頼朝との結婚を、妹をだましその夢を買ってまで強行したとする物語をはじめ、室町時代の『真俗雑録』が頼朝の死を政子の嫉妬から起った変死とし、江戸時代になると政子が頼朝を殺した、とさえなってしまう。そ

江戸時代の罵声

して「女丈夫」「男勝り」「焼餅やき」「夫を尻に敷く女」「悍婦《かんぷ》」というような罵声を聞くこともある。無責任な江戸時代の戯作者《げさくしゃ》が興味本位に書いたものを取り上げる必要はないが、そのような世評を受けるに至った事情を考えてここに列挙してみよう。

悪評の因

一、北条の家は衰亡して子孫に栄えるものがないために、とかく悪評を受け勝ちであった。

二、南北朝時代に王権恢復を目指す運動があり、筆の立つ者は武家幕府の政権を覇道として卑しめた。（親房の後鳥羽上皇非難はそのような世論のなかで時の天皇を訓えるためのものであつた）

三、武士が僧になって、仏者の観点から、戦勝者の殺生はやがて祟りを受けると物語った書が多い。

四、すでに鎌倉時代から始まった〝判官《ほうがん》びいき〟のため、頼朝が悪評を受けた。

五、江戸時代になって徳川氏が源氏の血統を強調することに対する反感から、頼朝を諷することが世人に受けた。

六、女権が極端に弱かった江戸時代からみて、鎌倉時代の母性の地位は異様であり、物語作者が、その代表として政子の強権を誇張して興味をそそろうとした。

これらの事情を考えながら、先入観を去って史実に当ると、やはり政子は普通の女性からあまり離れてはいない。時勢の流れに押されて波瀾ある生涯を送り、それも決して幸運とばかりは言えない一生だった。

女丈夫らしい場面

政子が積極的に時勢の流れを左右し運命を切り拓《ひら》こうとしたこと、言いかえれば、「丈夫ノ風アリ」(『大日本史』)と評し得る言動を求めれば、次の五つの場面であろう。一、山木の館から逃れて頼朝に走ったこと。二、伊豆の頼家からの申し入れを無視して、頼家を放棄したこと。三、牧の方の陰謀を知って、父の時政より弟の義時を選んだこと。四、承久の乱に家人を訓示したこと。五、伊賀の方の陰謀を防いで泰時を安泰たらしめたこと。

どれも不自然でなく非人間的でもなく、その場にあたって当を得た態度だったことは、本文に書いた通りである。ただありきたりの凡愚な女性には出来なかったであろうことを、政子はなし得た、という結論になると思う。

北条政子関係略系図

（頼朝・政子を中心としたためその兄弟姉妹は順序不同）

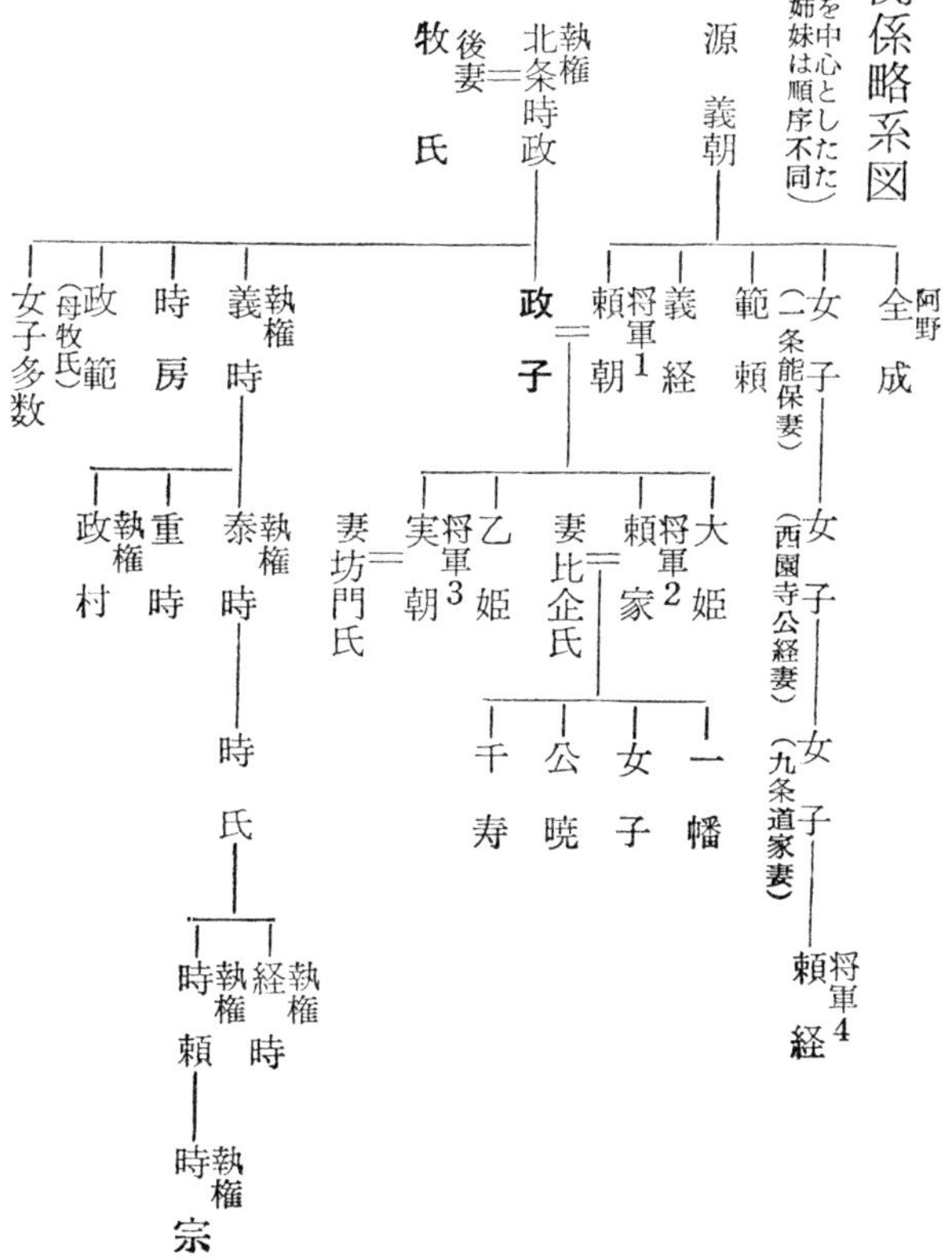

略年譜

年次	西暦	年齢	事項	参考
保元二	一一五七	一	政子出生	
平治元	一一五九	三		一二月、平治の乱
永暦元	一一六〇	四		三月、頼朝（一四歳）伊豆に流さる
仁安二	一一六七	一一		二・一一、清盛太政大臣
治承元	一一七七	二一	頼朝と結ばる	六月、鹿ケ谷の変
二	一一七八	二二	この年、長女大姫誕生か	
四	一一八〇	二四	八・一八、伊豆山の法音尼に勤行を依頼す○九・二、伊豆山より秋戸郷にうつり頼朝の消息を聞く○一〇・一一、鎌倉に入り頼朝と再会	四・二七、以仁王の令旨到来○八・一七、頼朝、山木兼隆を討つ○八・二九頼朝、石橋山に敗れ安房に逃る○九・七、義仲挙兵○一〇・六、頼朝鎌倉に入る○一〇・二〇、富士川の戦
養和元	一一八一	二五	一二・七、政子病む	閏二・四、清盛死す（六四歳）
寿永元	一一八二	二六	二・一四、懐妊のため伊東祐親に恩赦、祐	

			親自殺○八・一二、頼家誕生○一一月、頼朝の寵女亀の前の事を知って怒る○一二・一六、伏見広綱を遠江に流す	
寿永 二	一一八三	二七	一〇・九、頼朝、罪を許されて復官	七月、平氏都落、義仲入京○この年北条泰時生まる
元暦 元	一一八四	二八	四・二六、志水義高殺され、政子と大姫哀傷深し	正・二六、義仲滅ぶ(三一歳)○二月、一の谷合戦
文治 元	一一八五	二九	五・一、義仲の妹に一庄を与う○一〇・二四、勝長寿院供養○この年次女乙姫誕生か	三月、壇の浦合戦○一一・二九、守護・地頭の設置きまる
二	一一八六	三〇	正・二、頼朝とともに甘縄参拝○二・六、一条能保一家帰洛について餞別す○二・二六、頼朝の妾男子(貞暁)を生む○四・八、静の舞を見て同情す○九・一六、静母子の帰洛に大姫とともに餞別す○一〇・二三長門景国を閉居せしむ	三・一二、九条兼実摂政○閏七・二九、静の男児棄てらる
三	一一八七	三一	正・一、頼朝・政子・頼家鶴ヶ岡参拝○九・九、頼朝とともに比企尼家で重陽の宴○	二・二八、源義経奥州に隠る

文治四	一一八八	三二	一二・一六、妹（足利義兼の妻）の急病を見舞う	
五	一一八九	三三	七・一〇、頼家の甲着初め 八・一〇、奥州征伐を祈って鶴ヶ岡に百度詣り〇一〇・二四、頼朝奥州征伐から帰る	五・五、頼朝正二位〇閏四・三〇、義経滅ぼさる〇七月、奥州遠征軍出発
建久元	一一九〇	三四	五・三、南御堂に能保夫人の追善供養〇一〇・三、頼朝京都に出発〇一二・二九、頼朝帰る	四・一三、頼朝の妹（能保の妻）死す 〇一一月、頼朝権大納言兼右近衛大将
二	一一九一	三五	六・七、能保の娘九条良経に嫁ぐについて装束を調進す	三・四、鎌倉大火、幕府焼く
三	一一九二	三六	四・二、政子着帯〇七・三、小病〇七・一二、頼朝征夷大将軍となる〇八・九、実朝誕生〇一二・二三、頼家疱瘡を病む	三・一三、後白河法皇崩ず（六六歳）
四	一一九三	三七	五・二二、頼家狩で鹿を射ることの報告あり〇五・三〇、曾我兄弟仇討の報に政子憂う	三月、頼朝上野・下野に狩す〇五月、富士の裾野の巻狩〇八・一七、源範頼伊豆に追わる
五	一一九四	三八	正・二九、伊豆山・箱根山に奉幣のため進	

			発○八月、大姫を一条高能に嫁がせんとし、大姫嫌って止む○閏八・一、頼朝・政子、子供らを連れて三崎に遊ぶ	
建久 六	一一九五	三九	二・一四、一家揃って京都に出発○三・二九、政子・大姫、丹後の局と面談○四月〜六月、清水寺・四天王寺以下の霊地巡拝○七・八、一同鎌倉に帰る	三・一二、東大寺再建供養
八	一一九七	四一	七・一四、長女大姫（二〇歳）死す	一〇・一三、一条能保死す（五一歳）
九	一一九八	四二		一二・二七、頼朝相模川橋供養に臨む
正治 元	一一九九	四三	正・一三、頼朝死す（五三歳）○正・二六、頼家征夷大将軍となる○三・五、次女乙姫危篤○四・一二、頼家の訴訟親裁を禁ず○六・三〇次女乙姫（一五又は一七歳）死す○八・一九、景盛の事について頼家を訓戒す	
二	一二〇〇	四四	正・一三、頼朝一周忌、導師栄西○三・一四、岡崎義実の哀訴により所領を与う○六・二九、梶原景高の妻の本領を安堵す	正月、梶原景時敗死す○一二月、頼家恩地をけずって近臣に与えんとして止められる

建仁 元	一二〇一	四五	一一・二、佐々木経高の頼朝供養に政子密かに参ず	九月、頼家蹴鞠にふけって泰時に諫められる
二	一二〇二	四六	正・二九、新田義重の死のため頼家の蹴鞠を止む〇二・二九、義朝の旧宅を寿福寺に寄進す〇三・一四、永福寺多宝塔供養〇三・一五、頼家を訪ね舞女微妙の芸を見る〇六・二五、蹴鞠の会を観る〇八・一五、微妙の出家を憐み住居を与う〇八・二七、微妙のことにつき古郡保忠の乱暴を罰す	
三	一二〇三	四七	五・一九、阿野全成の謀叛についてその妻をかばう〇八・二七、頼家の病により地頭職を、一幡と実朝に分く〇九・二、比企氏の陰謀を聞いて北条に通達す〇九・七、頼家を出家せしむ。実朝征夷大将軍となる〇九・一五、阿波の局の告により実朝を手許に連れ戻す〇九・二九、頼家伊豆修禅寺に下向す〇一一・六、頼家伊豆より書を送っ	三月、このころ頼家隔日に蹴鞠〇六月、頼家伊豆に狩し、帰って病む〇九月、比企一族滅ぶ〇一〇・九、北条時政執権

			て近臣の参入を許されんことを請い、政子許さず○一一・一〇、三浦義村から頼家幽居の様子を聞き大いに悲しむ○一二・三、不吉のゆえに鶴ヶ岡の塔の建立を止む○一二・一五、諸国地頭の狩猟を禁ず	
元久 元	一二〇四	四八	三・一五、天台止観談義を聴聞す○五・一六、寿福寺に仏事を修す○七・一四、実朝痢病○七・一八、頼家修禅寺に死す（二三歳）○一一・三、実朝病む○一二・一〇、坊門信清の娘、実朝の妻として来る○一二・一八、観音絵像奈良より着く、寿福寺に供養	七・二六、実朝政治初め
二	一二〇五	四九	閏七・一九、牧の方の陰謀を聞き実朝を救い出す○一一・三、稲毛重成の孫娘、政子を頼って都から来る○一二・二、頼家の遺児善哉（公暁）を鶴ヶ岡に入る	四・一一、実朝、和歌一二首を詠む○六月、讒により畠山氏滅ぶ○閏七・二〇、時政出家して伊豆に下り、義時執権
建永 元	一二〇六	五〇	六・一六、善哉、政子の邸で袴着○一〇・	二・四、義時邸で雪見の歌会○一二・

承元 元	一二〇七	五一	二〇、善哉を実朝の猶子とす 四月、実朝病気のため祈禱あり	二三、東重胤和歌によって罪を許さる 四・五、前関白九条兼実死す（六〇歳）
二	一二〇八	五二	二月、実朝疱瘡を病む〇三・二、鶴ヶ岡供僧に新調の法服三〇を与う〇三・三、鶴ヶ岡に実朝夫人と参ず〇七・一九、実朝夫妻とともに永福寺に参堂〇一〇・一〇、熊野参詣に出発〇一二・・二〇、熊野から帰る	
三	一二〇九	五三	五・一二、和田義盛の上総国司の望みを許さず	四・一〇、実朝従三位〇八・一三、定家、詠歌口伝を実朝におくる
四	一二一〇	五四	六・八、相模国日向薬師堂に詣る〇八・一六、実朝夫妻とともに流鏑馬・相撲を観る	五・六、広元の邸で歌会。実朝に三代集をおくる〇五・二一、実朝、三崎海上で管絃の遊び
建暦 元	一二一一	五五	六・二、実朝急病〇六・七、和田義盛の殺人犯逮捕を支持す〇七・八、実朝夫人とともに日向薬師に参詣〇二・一六、金銅薬師三尊を鶴ヶ岡に安置す	七・四、実朝貞観政要を読む〇九・二二、公暁受戒のため上洛〇一〇月、鴨長明たびたび実朝に会う〇一二・一〇、和漢名将の事蹟を実朝・仲章・善信・広元が調査

建暦 二	一二一二	五六	二・三、実朝とともに伊豆山・箱根山参拝〇三・九、実朝夫妻とともに三崎に舟遊び〇八・一五、実朝夫妻とともに鶴ヶ岡に舞楽を観る	正・二五、法然上人寂す（八〇歳）〇二・二八、実朝、相模川橋修理を決す〇六・二四、実朝、和田義盛を訪う。義盛、和漢名将画像を献ず〇九・二、定家、消息和歌文書を進ず〇一〇・二二、関東の国々に奉行人を下し庶民の愁訴を聴かしむ
建保 元	一二一三	五七	四・四、政子の夢見によって平泉の寺塔を修復〇五・二、和田合戦により実朝夫人とともに鶴ヶ岡に入る〇五・四、法華堂に避難した実朝、政子の邸にうつる〇八・一、一時広元の邸に移った実朝、方違いのため政子の邸にうつる〇八・二〇、実朝新築の御所に入る。政子も参会〇一一・一〇、にわかに善哉を落飾せしむ	正・一二、女官の双紙合せに実朝判す〇二・一、幕府和歌会と連歌〇二・二泰時以下一八人を学問所番とす〇二・二七、実朝正二位、義時正五位下〇四・二〇、実朝の宿願として南都一五大寺にて非人に施行する由、京畿に命ず〇五月、和田義盛、北条義時と争って鎌倉中戦乱〇九・二六、長沼宗政、実朝を非難す〇一一・二三、定家、万葉集を実朝に送る

建保 二	一二一四	五八	七・二七、大慈寺供養に実朝とともに臨む	二・四、実朝病み、栄西茶を進む〇九・二九、実朝、伊豆山・箱根参拝
三	一二一五	五九		正・六、北条時政伊豆に死す（七八歳）〇二・一八、諸国の船渡が旅人の煩いとなっているを止む〇六・五、栄西痢病にて入滅（七五歳）
四	一二一六	六〇	三・五、頼家の娘（一四歳）を実朝夫人の猶子とす	二・二三、実朝、伊豆・箱根に進発〇三・一四、実朝夫人の父信清死す〇六・一五、実朝、陳和卿と対面。宋の高僧の生れ変りと言う〇九・二〇、大江広元実朝に辞官を勧む。実朝聴かず〇一一・二四、実朝、渡宋のために大船建造を命ず
五	一二一七	六一	六・二〇、公暁を鶴ヶ岡別当とす〇八・一六、実朝夫妻とともに鶴ヶ岡の馬場見物〇九・三〇、永福寺舎利会。実朝夫妻と臨む	正・二六、実朝、伊豆山・箱根に進発〇三・一〇、実朝、夫人とともに永福寺に花を観て、のち歌会〇四・一七、渡宋のための船進水式。浮ばず〇一〇・

建保 六	一二一八	六二	二・四、熊野参詣のため出発。時房従う○二・二一、京都着。在京中皇族将軍の密約あるか○四・一四、政子従三位○四・一五上皇の召を辞して京都を去る○四・二九、鎌倉に帰る○一一・一三、政子従二位	一一、公暁、宿願により千日参籠 正・一三、実朝権大納言○二・一四、実朝、伊豆山・箱根に進発○三・六、実朝、左近衛大将を兼ぬ○七・二二、泰時侍所別当○一〇・九、実朝内大臣○一二・二、実朝右大臣
承久 元	一二一九	六三	正・二七、実朝、公暁に殺さる○二・一三二階堂行光を京都に上せて皇族将軍のことを申し入る○二・一九、阿野時元謀叛の報を受け追討を命ず○閏二・一二、行光の使、上皇の返事を伝う○閏二・一四、行光の使に託し再度申し入る○三・一二、上皇の使者摂津国の地頭改補を申請するについて首脳を集めて会談○三・一五、上皇への返使として時房を上洛せしむ○七・一九、頼経下向。政子かわって政を聴く○一二・一七、政子病気○一二・二四、政子の居所	正・七、鎌倉大火○正・一五、鎌倉大火○正・二七、長尾定景、公暁（二〇歳）を殺す○二・一四、幕府政所焼く○九・二二、鎌倉中大火○七・一三大内守護源頼茂自殺○一〇月、義時の娘、一条実雅に嫁ぐ

承久二	一二二〇	六四	失火し、頼経と同宿す○一二・二七、実朝追善のための五仏堂供養 五・一六、実朝追善の千日講結願○一二・一一、政子扶持して頼経袴着の式○一二・一五、大慈寺舎利会に義時と参堂	この春鎌倉中火事多し
三	一二二一	六五	正・二七、法華堂にて実朝の三年忌○三・二二、政子の夢見により大神宮に遣使○五・一九、家人を集め最期の詞を告げる。軍勢上洛に賛す○五・二一、一条頼氏京都の形勢を報告す。広元・善信の意見により即日泰時を進発さす○七・二九、源有雅の死を許さんとして間に合わず○八・一、実朝夫人の兄忠信の死罪を免ず○八・七、大神宮に報謝のため寄進す。京方の没収地を勲功の賞とす○八・一〇、法橋昌明の功を殊に感嘆す	四・二〇、仲恭天皇受禅○五月、承久の役○六月、三上皇配流。京都に六波羅探題をおく○八・九、三善康信死す（八二歳）
貞応元	一二二二	六六	一〇・一五、大慈寺一切経会に義時と参詣。	八・一三、内大臣公経太政大臣

貞応二	一二二三	六七	政子の本尊釈迦像供養○一〇・二六、公経の昇進を内申す（月日誤りか）一・二三、庶民の憂喜を知るために、新補の守護・地頭の非違を注申せしむ○二・二七、勝長寿院の奥に寺と政子邸を建立始む○五・五、義時と頼経宅に行き酒宴○六・二六、五仏堂の千日講結願○六・二八、伊賀光季の四息と面会○九・五、三ツ児を産んだ下女に衣食を与う	七・六、新補地頭の得分を定む
元仁元	一二二四	六五	五・四、頼経の手習いを扶持す○六・二八、泰時・時房を将軍の後見とす○七・一七、三浦義村を訪い陰謀事件をただす○閏七・一、頼経を連れて泰時宅にうつる○閏七・三、世上の事を沙汰す○八・一、泰時・時房の出仕を催促す○八・二九、義時の後室伊賀の方を伊豆に下す○九・五、義時の遺領配分に泰時の無欲を喜ぶ	六・一三、義時死す（六二歳）○閏七月、伊賀の方、陰謀を企てて成らず

嘉禄 元	一二二五	六九	一・一四、政子の願として最勝八講を始行す○五・二九、病む○六・三、病気小康○六・五、二日いらい祈禱つづく○六・八、逆修を始める○六・一二、病勢つのる○六・一六、午前中に失神す、諸人集まる○六・二一、晩にまた失神す○七・八、東御所に移す○七・一一、薨ず（六九歳）○七・一二、火葬	六・一〇、大江広元死す（七八歳）○九・二五、慈円寂す（七一歳）○一二・二〇、幕府宇都宮辻にうつる○一二・二九、頼経元服（八歳）

参考文献

とくに北条政子を主題としたものはないが、時代史や源頼朝論等で政子に触れている主な著書をあげておく（年代順）

三浦周行『鎌倉時代史』　明治四二年　早大出版部
大森金五郎『武家時代の研究』第三巻　昭和一二年　富山房
遠藤元男『源頼朝』　昭和一三年　白揚社
佐藤進一『幕府論』（新日本史講座）　昭和二四年　中央公論社
西岡虎之助『源平時代』　昭和三〇年　要書房
渡辺保『源氏と平氏』　昭和三〇年　至文堂
竜粛『鎌倉時代』　昭和三二年　春秋社
永原慶二『源頼朝』　昭和三三年　岩波書店
安田元久『源頼朝』　昭和三三年　弘文堂
上横手雅敬『北条泰時』（人物叢書）　昭和三三年　吉川弘文館
中山義秀『鎌倉の政権』（現代人の日本史）　昭和三四年　河出書房新社

著者略歴

明治四十一年生れ
昭和七年東京大学文学部国史学科卒業
明治大学文学部教授
昭和四十八年没

主要著書
日本中世思潮芸術　源平抗争史　源氏と平氏
日本史の流れをたずねて　維新前十年　源義経

人物叢書　新装版

北条政子

一九六一年（昭和三十六）一月二十五日　第一版第一刷発行
一九八五年（昭和六十）六月　一日　新装版第一刷発行
二〇〇五年（平成十七）十月　一日　新装版第六刷発行

著　者　渡《わた》辺《なべ》　保《たもつ》
編集者　日本歴史学会
代表者　平野邦雄
発行者　林　英男
発行所　株式会社　吉川弘文館
東京都文京区本郷七丁目二番八号
郵便番号一一三—〇〇三三
電話〇三—三八一三—九一五一〈代表〉
振替口座〇〇一〇〇—五—二四四
http://www.yoshikawa-k.co.jp/
印刷＝株式会社　平文社
製本＝ナショナル製本協同組合

『人物叢書』(新装版)刊行のことば

人物叢書は、個人が埋没された歴史書が盛行した時代に、「歴史を動かすものは人間である。個人の伝記が明らかにされないで、歴史の叙述は完全であり得ない」という信念のもとに、専門学者に執筆を依頼し、日本歴史学会が編集し、吉川弘文館が刊行した一大伝記集である。

幸いに読書界の支持を得て、百冊刊行の折には菊池寛賞を授けられる栄誉に浴した。

しかし発行以来すでに四半世紀を経過し、長期品切れ本が増加し、読書界の要望にそい得ない状態にもなったので、この際既刊本の体裁を一新して再編成し、定期的に配本できるような方策をとることにした。既刊本は一八四冊であるが、まだ未刊である重要人物の伝記についても鋭意刊行を進める方針であり、その体裁も新形式をとることとした。

こうして刊行当初の精神に思いを致し、人物叢書を蘇らせようとするのが、今回の企図である。大方のご支援を得ることができれば幸せである。

昭和六十年五月

日本歴史学会

代表者 坂本太郎

〈オンデマンド版〉
北条政子

人物叢書　新装版

2021年（令和3）10月1日　発行

著　者　渡《わた》辺《なべ》　保《たもつ》

編集者　日本歴史学会
代表者　藤田　覚

発行者　吉川道郎

発行所　株式会社　吉川弘文館
〒113-0033　東京都文京区本郷7丁目2番8号
TEL　03-3813-9151〈代表〉
URL　http://www.yoshikawa-k.co.jp/

印刷・製本　大日本印刷株式会社

渡辺　保（1908～1973）

ISBN978-4-642-75002-8